AF349332

1939-1945
WORLD WAR TWO

AUTORE

Antonio Tallillo nato il 3 marzo del 1958, vive e lavora a Verona. "Folgorato" dal modellismo sin dai tempi di scuola (1972 circa) ha trovato dal 1977 la sua vera vocazione nella divulgazione storico-modellistica, in stretta comunanza d'idee col fratello Andrea, rimasto modellista 'puro'. I suoi principali interessi storici riguardano i mezzi militari, specie corazzati, usati nel primo e secondo conflitto mondiale (1916-1945). Più di recente l'attenzione si è concentrata su quelli del nostro Esercito, ed in campo uniformologico, riguardano i due conflitti mondiali. Da solo, o molto più spesso in collaborazione col fratello Andrea, ha pubblicato innumerevoli articoli storico – modellistici su Riviste a tiratura nazionale e su Notiziari di varie associazioni, nonché per sei Siti Internet. Dai primi anni 2000, è stato coautore di sette libri editi col GMT, di due per le Edizioni Ardite ed ha collaborato con materiale iconografico e testi per altri 14 libri di diversi Editori.

Tallillo Antonio, born on March 3, 1958, lives and works in Verona. "Shocked" by modeling since his school days (around 1972), he found his true vocation since 1977 in historical-modeling dissemination, in close sharing of ideas with his brother Andrea, who remained a 'pure' model maker. His main historical interests concern military vehicles, especially armored vehicles, used in the first and second world wars (1916-1945). More recently, his attention has focused on those of our Army, and in the uniformological field, they concern the two world conflicts. Alone, or much more often in collaboration with his brother Andrea, he has published innumerable historical - modeling articles in national magazines and newsletters of various associations, as well as for six Internet sites. Since the early 2000s, he has been the co-author of seven books published with the GMT, of two for the Edizioni Ardite and has collaborated with iconographic material and texts for 14 other books from different publishers.

In copertina : In addestramento a Colle Val d'Elsa, insieme al commilitone Silvano Masili; la foto è datata 14 luglio 1941. I due Carristi indossano solo il casco di cuoio, non hanno altri indumenti protettivi, probabilmente a causa del caldo estivo.

Titolo: **FOTORICORDI DI UN GIOVANE CARRISTA 1940-1943** Code.: **WTW-030 IT** Di AntonioTallillo
ISBN code: 978-88-93278133 prima edizione Dicembre 2021
Lingua: Italiano Nr. di immagini: xxx dimensione: 177,8x254mm Cover & Art Design: Luca S. Cristini

WITNESS TO WAR (SOLDIERSHOP) is a trademark of Luca Cristini Editore, via Orio, 35/4 - 24050 Zanica (BG) ITALY.

WITNESS TO WAR

FOTORICORDI DI UN GIOVANE CARRISTA 1940 – 1943

PHOTOS & IMAGES FROM WORLD WARTIME ARCHIVES

ANTONIO TALLILLO

INDICE

PREFAZIONE

L'obiettivo della collana "Witness To War", "Testimoni di Guerra", è insito nel nome stesso: proporre testimonianze storiche della Seconda guerra mondiale, attraverso non solo volumi di Storia Militare di taglio classico, ma anche (ed in modo particolare), con la narrazione di storie personali, soprattutto per mezzo del medium della fotografia. Sono infatti i frammenti dei piccoli protagonisti degli eventi bellici che ci rendono la realtà quotidiana del combattente, lontano da casa, lontano dagli affetti, lontano dalla vita reale, proiettato in un mondo parallelo terribile e quasi irreale, spesso contro la sua volontà. È per questo motivo che gli album fotografici o le semplici raccolte di immagini dei reduci sono una preziosa risorsa per questa nostra collana; quando poi si tratta di album fotografici ricchi di spunti non solo emotivi, ma anche uniformologici e storici, l'importanza è ancora maggiore, perché ci trasmettono la realtà sotto tutti i suoi molteplici aspetti.

Nel momento stesso in cui l'Amico Antonio Tallillo mi ha mostrato le foto dell'album del sottotenente carrista Giuseppe Trovamala ho ripensato proprio all'idea di base che accomuna i libri di "Witness To War" ed ho insistito perché questa storia venisse raccontata su queste pagine. L'iter seguito dal giovane volontario fu abbastanza articolato: volontario nel 31° Reggimento Fanteria Carrista, nella Compagnia Volontari Universitari di Siena, combattente con lo stesso Reggimento in Africa Settentrionale, rimpatriato per seguire un corso per Allievo Ufficiale presso il 3° Reggimento Carristi di Bologna ed infine sottotenente di fresca nomina al 32° Reggimento Carristi di Verona, città dove probabilmente finì la sua attività militare presso il Deposito Carristi costituito dall'Esercito della R.S.I. nella città scaligera. Questa avventurosa vicenda ci permette di conoscere la storia di queste unità del Regio Esercito, arrivando fino all'Armistizio ed all'avvento della Repubblica Sociale Italiana, con la creazione dell'unico ente della specialità Carrista, il Deposito di Verona.

Ringrazio quindi Antonio per averci permesso di conoscere questo prezioso album fotografico!

Paolo Crippa

INTRODUZIONE

Un vantaggio, per gli appassionati e studiosi dei due conflitti mondiali, è che si tratta di guerre molto documentate, nelle quali su quasi ogni fronte e per quasi ogni scontro, anche quelli di minore importanza, non sono mancati i fotografi, sia 'di mestiere' che dilettanti. Questo ha voluto dire una mole grandiosa di negativi fotografici, anche per quello che riguarda i nostri soldati. Ormai sono passati così tanti anni che molto probabilmente è raro ormai trovare immagini inedite, ne sono state perse molte sia per vicende belliche che per semplice degrado od incuria. Tutt'al più, non perdendo mai occasione di parlare senza pudore del nostro pallino di ricercatori storici – anche se non patentati – si trovano ancora persone disposte a darci ascolto: Si arriva a cercare nelle cosiddette "cose vecchie che un giorno butteremo via" trovando per veri e propri "colpi di fortuna" quel che cerchiamo.

È quasi incredibile, per chi non bazzica mai soffitte e/o cantine, capire come siano preziose fotografie e memorie di guerra, che ai più non dicono proprio nulla. Sono state conservate, è vero, ma senza neanche immaginare quali tesori di conoscenza ed approfondimento siano. Da una sola fotografia, passando anche da riscontri incrociati con diari di guerra e dall'esame dei fogli matricolari, piano piano si può veramente ricostruire in dettaglio la storia di un soldato sia dal punto di vista meramente burocratico che da quello prettamente umano.

È un po' la storia dell'album di fotografie dal quale è nato questo libro. Album conservato bene, quasi fosse in attesa di un team come il nostro, che potesse valorizzare il più possibile ogni immagine ricordando ai posteri quell'oscuro ufficiale altrimenti destinato all'oblio. È stata una sensazione da pelle d'oca essere potuti entrare in punta di piedi nella sua vita, ed accade ogni volta che si trova materiale di questo tipo. Devo – e ho l'onore ed il piacere – ringraziare l'amico Daniele Salaro, che è sempre vigile ed attento quando sente parlare i suoi clienti di storia e vecchie cose….senza di lui questo libro non sarebbe stato mai preparato.

Un grande ringraziamento va anche a Luca Cristini, per l'impulso che ha dato a questa collana ed all'amico Paolo Crippa, col quale ho già avuto il piacere e l'onore di lavorare assieme e col quale ho già parlato di altri progettini riguardanti materiale inedito o ben poco conosciuto.

Antonio Tallillo

31° REGGIMENTO FANTERIA CARRISTA[1]

Il 31° Reggimento Carri fu costituito a Siena il 15 luglio 1937 come 31° Reggimento Fanteria Carrista, al comando del colonnello Mario Bizzi, formato da:

- I Battaglione Carri di rottura (su carri FIAT 3000);
- II Battaglione Carri di rottura (su carri FIAT 3000);
- III Battaglione Carri d'assalto "Paselli" (su carri leggeri L3)

I primi due Battaglioni provenivano rispettivamente dal 3° e dal 4° Reggimento Carristi, mentre il I Battaglione dal 1° Reggimento.

Nel mese di novembre del 1938 fu inserito in organico anche il VII Battaglione Carri L "Vezzani", proveniente dal 3° Reggimento Carristi e, in un momento successivo, due Battaglioni Carri d'assalto, l'VIII Battaglione "Bettoia" ed il X Battaglione "Menziger", ceduti dal 3° e 4° Reggimento Carristi.

Dal momento della sua costituzione, il Reggimento fu inquadrato nella 1ª Brigata Corazzata costituitasi a Siena, unità che darà successivamente vita alla 131ª Divisione Corazzata "Centauro". Per questo motivo la storia del Reggimento è strettamente legata a quella della Grande Unità, nella quale fu inquadrato il 23 aprile 1939, seguendola nel trasferimento in Albania. Il 10 giugno del 1940 i suoi Battaglioni furono rinumerati in I, II, III, e IV.

Il 31° Reggimento prese parte alle operazioni belliche durante la Seconda guerra mondiale, sia sul fronte greco-albanese dal 1940 al 1941, sia partecipando all'occupazione della Jugoslavia dal 1941 al 1942 ed infine alla campagna del Nordafrica dal 1942 al 1943 sul fronte libico-tunisino.

Negli anni della guerra il deposito del reggimento contribuì inoltre all'approntamento e all'addestramento di numerosi battaglioni carri medi e semoventi controcarri poi impiegati da altre unità dell'esercito nei vari scacchieri operativi, come, ad esempio, il LI battaglione carri M, costituito nell'agosto 1941 e che combatté in Africa Settentrionale al comando del tenente colonnello Zappalà, inquadrato nella Divisione Corazzata "Littorio" fino all'epilogo di El Alamein. Ancora alla data dello 8 settembre 1943, erano presenti carri leggeri L3 / 35 nei battagli9oni I (A Siena), II (parte a Siena, parte nei Balcani) e III (in Montenegro)

Fronte Greco-albanese

Nel maggio 1939, il 31° Reggimento carri fu trasferito e dislocato nello scacchiere albanese e proseguì il suo addestramento, nonostante fosse impegnato anche in compiti di presidio. Nell'agosto del 1940, completati gli effettivi, si schierò sul fronte dell'Epiro, dopo aver ricevuto in rinforzo il IV Battaglione Carri del 32° Reggimento, costituito nell'ottobre del 1940 ed equipaggiato con 30 carri M13/40.

Comandato dal colonnello Ugo De Lorenzis, il 31° partecipò alla campagna di Grecia sin dall'inizio delle ostilità, nelle operazioni della Vodjussa e del Drino, ottenendo eccellenti risultati sin da subito, tanto da meritare la Medaglia d'Argento al valor Militare. Alla fine di

---

1 Una trattazione approfondita della storia del 31° Reggimento Fanteria Carrista si trova nel libro di Maurizio Parri "Le fiamme rosse del 31° Reggimento Carristi", citato in bibliografia.

gennaio 1941, dopo aver partecipato nel settore costiero ad una battaglia difensiva, il Reggimento operò di nuovo in Val Vojussa nello stretto di Klisura, distinguendosi a Klisura, Tepeleni, Quota 33 e Monastir.

Fronte Jugoslavo

Alla fine di marzo del 1941, mentre si preparava l'attacco contro la Jugoslavia, il Reggimento fu prontamente trasferito a Scutari, dove si approntò per la difesa della città. Partecipò all'attacco condotto lungo la direttrice meridionale, distinguendosi valorosamente nella battaglia di Kopliku. Il Reggimento rientrò in Italia nel settembre dello stesso anno e fu dislocato a Travesio (PN), dove avrebbe dovuto rinnovare completamente il suo parco mezzi con carri M; il Reggimento si trovò costituito da:

I Battaglione carri L;
II Battaglione carri L;
IV Battaglione carri M;
LI Battaglione carri M (formato dal personale del III e IV Battaglione carri L);
XII Battaglione carri M (proveniente dal Deposito reggimentale); costituito nel maggio 1941, comandato dal maggiore Lasagna, aveva 52 carri M13 / 40.
Compagnia cannoni contraerei da 20 mm.

Nell'ottobre del 1941, completato il passaggio sui carri M, il Comando del Reggimento fu trasferito a Pordenone e subì ulteriori modifiche nell'organico.

Africa Settentrionale

Nell'autunno 1942 il Reggimento raggiunse la zona di operazioni in Tripolitania con la Divisione Corazzata "Centauro", organizzato su:

XIII Battaglione carri M (ceduto poi alla 132ª Divisione Corazzata "Ariete"); costituito nel luglio del 1941, aveva in carico carri M14 / 41 ed era comandato dal tenente colonnello Boldini;
XIV Battaglione carri M (ceduto poi alla 133ª Divisione Corazzata "Littorio"); costituito nel giugno 1942 con 60 carri M14 / 41, comandato dal tenente colonnello Gaglianelli Fiumi;
XV Battaglione carri M; costituito nell'agosto del 1942, aveva in carico 40 carri M14 / 41 e 4 semoventi da 75 / 18;
XVII Battaglione carri M, costituito nel dicembre 1941 con 45 carri M14 / 41.

Dall'inverno del 1942 il Reggimento combatté sul fronte libico-tunisino e, nel marzo 1943, in Tunisia, dopo avere preso parte alle battaglie nei pressi di Maaten El Giofer ed EL Agheila, arginò, sui capisaldi di El Guettar, l'urto delle colonne corazzate anglo-americane resistendo per 12 giornate durissime di sanguinosi combattimenti. Dissanguato dalla cruenta campagna nordafricana, il 18 aprile il Reggimento fu sciolto. Alla stessa data fu ricostituito a Siena il Comando del Reggimento, che fu colto dall'annuncio dell'Armistizio ancora in fase di riordinamento, venendo definitivamente disciolto.

La 3ª Compagnia Volontari Universitari di Siena

A Siena, a partire dal dicembre 1940, iniziò la costituzione di una Compagnia di studenti volontari che, lasciata l'università, desideravano raggiungere i reparti combattenti, per dare il proprio contributo allo sforzo bellico italiano, ritenuto doveroso verso la Patria, al di là di ogni valutazione politica. Il reparto prese corpo nel gennaio successivo con il nome di 3ª Compagnia Volontari Universitari di Siena, con lo scopo di creare un raggruppamento di giovani che il Regio Esercito avrebbe addestrato per prepararli ai vari corpi combattenti. In realtà i 317 giovani universitari, provenienti da tutta Italia e concentrati presso la caserma "Santa Chiara", sede del 31° Reggimento Carristi, ricevettero l'addestramento specifico per la specialità Carrista, confluendo nel I Corso della Compagnia. La 3ª Compagnia Volontari Universitari di Siena era formata da 8 Plotoni ed era comandata dal Capitano Ferdinando Tesi, mentre istruttore di carrismo era il Capitano Guido Bayeli. A partire dal mese di maggio i primi carristi della Compagnia furono inviati in Africa, destinati principalmente al 32° Reggimento Carristi della Divisione Corazzata "Ariete". Un primo nucleo, imbarcato a Napoli sul transatlantico "Conte Rosso", fu decimato nel Canale di Sicilia nel siluramento della nave da parte di un sommergibile inglese e pochi di essi furono tratti in salvo. Sul fronte africano, i Volontari Universitari non operarono inquadrati in un unico reparto organico, ma vennero assegnati come complementi a diverse unità carriste, specialmente della Divisione "Ariete".

I giovani volontari della 3ª Compagnia parteciparono valorosamente all'intera campagna d'Africa, combattendo duramente in tutte le battaglie nel deserto fino ad El Alamein e fino al suo inevitabile epilogo in Tunisia. La metà dei Carristi Volontari Universitari morì sul campo, sacrificando in guerra studi e vita, e un numero molto elevato fu ferito o rimase mutilato. Più di un terzo di questi giovani meritò una ricompensa al Valor Militare.

Nel frattempo, erano stati organizzati anche il II e il III corso (che si concluse nel marzo 1942) e venne così creato il Battaglione Volontari Universitari del 31° Reggimento Carristi che ebbe la sua sede a Poggibonsi, vicino a Siena.

Motto della Compagnia fu "*Di ferro armati e di pensier...*", ispirato da un verso dell'"Inno della Gioventù Universitaria Fascista", dai ranghi della quale proveniva larga parte dei giovani carristi.

Alla fine della guerra i reduci del reparto, animati da un forte senso di appartenenza, si riunirono ogni anno presso la Caserma "Santa Chiara", per commemorare i propri caduti, erigendo nel 1973 a perenne ricordo, nello stesso luogo, una stele rappresentante il "Carrista del deserto", Dopo la dismissione della caserma nel 2001, la stele è stata trasferita nel prato del Castello della Magione, un complesso medievale lungo la Via Francigena, appartenente ai Cavalieri Templari, dove viene custodito anche il Labaro della 3ª Compagnia Volontari Universitari, decorato della Croce templare.

La ricostituzione nel Dopoguerra

Il 31° Reggimento Fanteria Carrista fu ricostituito il 15 settembre 1951 (data che segnò la rinascita della "Centauro") a Verona, incorporando il I Battaglione Carri (già CXI Battaglione del 132° Reggimento Carri), al quale furono uniti il II Battaglione Carri (1° gennaio

1952) ed il CXI Battaglione Carri (15 febbraio 1953). Nell'ottobre del 1955 il Reggimento fu trasferito a Bellinzago Novarese e nel dicembre del 1958 fu rinominato 31° Reggimento Carri, per essere poi sciolto il 20 ottobre 1975 nel quadro della ristrutturazione dell'Esercito, il I Battaglione divenne autonomo con il nome di 1° Battaglione Carri "Medaglia d'Oro Cracco"; al Battaglione fu assegnata la Bandiera del 31° Reggimento con decreto del 12 novembre 1976.

Il 31 agosto 1993, a causa del riordinamento delle Forze Armate, il 1° Battaglione Carri "Medaglia d'Oro Cracco" perse la sua autonomia e fu inquadrato nel 31° Reggimento Carri, ricostituito a Bellinzago Novarese (NO).

In 2 ottobre 1997 il Reggimento fu trasferito ad Altamura (BA), posto alle dipendenze della Brigata Meccanizzata "Pinerolo", per passare il 1° gennaio 2011 in carico alla Scuola di Cavalleria di Lecce. In questa nuova posizione, il Reggimento è stato impegnato nella sperimentazione di nuovi materiali e di nuovi sistemi d'arma, acquisiti nell'ambito del programma Forza NEC (Network Enabled Capability), programma, che tutt'ora costituisce il cardine dell'intera modernizzazione della componente terrestre della Difesa italiana.

Dopo essere stato dotato di autoblindo pesanti Centauro, il 31° Reggimento Carri, è stato riconfigurato in unità di cavalleria di linea, assumendo l'organico e la denominazione di Reggimento "Cavalleggeri di Lodi" (15°).

Il 10 gennaio 2020 segna una data tristissima per il 31° Reggimento Carri: lo Stendardo è stato consegnato al Sacrario delle Bandiere in Roma, decretando la fine di questa gloriosa unità dei Carristi.

Decorazioni alla Bandiera

Per meriti di guerra, la Bandiera del Reggimento fu insignita di Medaglia d'Argento al Valor Militare con la seguente motivazione: *"In sei mesi di aspra, cruenta campagna, con entusiastica baldanza e*

ardente spirito affrontava formidabili apprestamenti nemici; superava insidie e difficoltà di terreno: all'avanguardia, nell'irrompere oltre la frontiera greco-albanese; sulle posizioni di resistenza; in retroguardia, nelle fasi di ripiegamento, ovunque più violenta era la lotta, non conscendo limiti nell'audacia e-nel sacrificio. Aggirata la grande unità della quale faceva parte, col generoso contributo della sua gagliardia rompeva il cerchio di fuoco creato dal nemico che, successivamente, sorprendeva e sgominava con audaci puntate in profondità. Pronto ad osare l'inosabile e lanciati arditamente oltre il confine i suoi indomi ti reparti, determinava il vittorioso esito della lotta, consacrando col sangue il fatidico motto dei carristi "ferrea mole, ferreo cuore". Epiro - Albania meridionale - Jugoslavia, 28 ottobre 1940 - 23 aprile 1941".

Per l'attività di soccorso portata alle popolazioni del vercellese, colpite da una grave alluvione nel 1968, la bandiera del Reggimento fu insignita di Medaglia di Bronzo al Merito Civile, con Decreto del 1° dicembre 1970, con la seguente motivazione: *"In occasione di una violenta alluvione si prodigava generosamente, con uomini e mezzi, in difficili ed estenuanti interventi di soccorso alle popolazioni colpite, contribuendo validamente a contenere e ridurre i disastrosi effetti della calamità. Provincia di Vercelli, 2 novembre - 20 dicembre 1968".*

▲ Il sergente Giuseppe Trovamala insieme ad un commilitone a bordo di un carro L3/35 a Siena il 10 febbraio del 1941, quando era in carico alla 3ª Compagnia Volontari Universitari, formata interamente da giovani studenti. Il Reggimento, all'epoca, era comandato dal colonnello De Lorenzis.

▲ Primo piano del sergente Trovamala, che permette di apprezzare tutti i dettagli dell'uniforme dei Carristi: i capi di abbigliamento in pesante panno grigioverde, il fregio in rayon nero sulla bustina, la bandoliera di cuoio a due tasche.

▲ Esercitazione con carri medi M13/40 per i Volontari Universitari; l'autocarro di supporto è ancora un vetusto FIAT 18Bl, reduce della Grande Guerra.

▼ Il 3° Plotone della 3ª Compagnia Volontari Universitari a Siena nel marzo del 1941.

▲ Trovamala a Bologna, sede del 3° Reggimento Carristi. Presso il Reggimento, che svolse importanti funzioni addestrative ed educative durante tutto il periodo bellico, Trovamala sostenette alcuni esami teorici.

▲ Un'altra fotografia del sergente Trovamala in Piazza Maggiore a Bologna nel giugno del 1941.

▲ In addestramento a Colle Val d'Elsa, insieme al commilitone Silvano Masili; la foto è datata 14 luglio 1941. I due Carristi indossano solo il casco di cuoio, non hanno altri indumenti protettivi, probabilmente a causa del caldo estivo.

▲ Il sergente Trovamala ancora a Colle Val d'Elsa il 20 luglio 1941. In quel periodo il Carrista era inquadrato nella 2ª Compagnia del VII Battaglione Carri M13/40, come si rileva dall'appunto scritto a mano sul retro della fotografia. Il Reggimento era allora ancora comandato dal colonnello De Lorenzis , la 2 a Compagnia dal tenente Bossi.

▲ Ancora a Colle Val d'Elsa, insieme al sergente Baltraffio. I due sottufficiali indossano una uniforme quasi da manuale, sulla quale spiccano le mostrine rosso blu dei Carristi e la bandoliera di cuoio, ai piedi calzano degli stivali, al posto dei gambali di prescrizione.

▲ I sergenti di turno presso l'Officina Carri Armati a Colle Val d'Elsa. In piedi da sinistra: i sergenti Lazzarini, sconosciuto, Ghillani, il sergente maggiore Campiona ed il sergente Marchi. Accovacciati da sinistra i sergenti Suffritti Arturo, Nicciarelli Emilio, Masili Silvio, Trovamala Giuseppe, protagonista di questo album fotografico e Baltraffio Cesare.

▲ I Il sergente Trovamala fotografato presso il Comando Tappa di Tripoli il 10 ottobre 1941, dopo il trasferimento in Libia. Anche in questo caso la divisa presenta tutte le caratteristiche tipiche previste per i Carristi per il clima desertico: giubba sahariana in cotone cachi, con le mostrine della specialità, pantaloni cachi, fasce mollettiere, bandoliera a tre tasche, occhialoni antisabbia ed il casco coloniale in cuoio, con il fregio metallico dei carristi, inserito in una coccarda tricolore, a dare un tono retrò all'uniforme.

▲ Fregio metallico da carrista, utilizzato per il casco coloniale, sopra la coccarda tricolore (collezione Peroli).

▲ Il colonnello Maretti ed il capitano Urso del 31° Reggimento Carristi a Bir el Gobi nel novembre 1941.

▲ Un'altra foto di gruppo di ufficiali del 31° Reggimento a Bir el Gobi. Da sinistra il tenente Sobrero (comandante della 3a Compagnia del Vii Battaglione e caduto di lì a poco, il tenente Pracca il tenente Slavech, il capitano Machese, il capitano D'Urso, poi maggiore e comandante del VII battaglione per breve tempo, ed il tenente Salvo. È molto interessante il miscuglio di capi d'abbigliamento utilizzato, tipico dei reparti Carristi in linea soprattutto nel deserto. Il capitano Marchese, terzo da destra, era un ufficiale di Cavalleria Coloniale.

▼ Autoblindo francese Laffy S15 TOE impiegata dalle truppe italiane. Si tratta di uno dei 4 esemplari di questo mezzo corazzato ideato appositamente per l'impiego coloniale (TOE sta per "Théatre d'Operations Extérieur", cioè "Teatro d'Operazioni Estero") requisiti nel 1940 ai reparti coloniali tunisini e portati a Tripoli. Presso il 12° Autoraggruppamento AS la torretta delle blindo fu modificata aprendola superiormente, in modo da installare una mitragliatrice Breda 38 e nel cassone posteriore fu montata una Breda-SAFAT da 12,7. Assegnate al RECAM (Raggruppamento Esplorante del Corpo d'Armata di Manovra), le Laffly furono impiegate dal Gruppo Battaglioni "Giovani Fascisti" durante la battaglia di Bir el Gobi.

▲ Il sergente Angelo Sasfi di Modena, sulla torretta di un M13/40. Il giovane, volontario universitario come Trovamala, trovò la morte durante la battaglia di Bir el Gobi.

▲ Un'immagine che non era inconsueta nelle prime fasi della guerra in Nord Africa: file di militari britannici, fatti prigionieri dal Regio Esercito, si avviano ai luoghi di detenzione. Questa situazione ben presto si capovolgerà e saranno proprio gli italiani a doversi arrendere al nemico.

▼ È l'ora del rancio! Dei datteri vengono fritti in olio d'oliva per renderli più gustosi, quasi un lusso per chi si trova al fronte. Nella foto, scattata presso il Villaggio Corradini, si vede una tenda allestita con teli mimetici M29. Il Villaggio Corradini era un borgo rurale costruito in Libia nel 1939, nella provincia di Misurata, dall'Istituto Nazionale Fascista di Previdenza Sociale. Contava poco più di 400 abitanti, dediti alla coltivazione di olivi, mandorli, viti e cereali.

▲ Il sergente Stefano Pisani, proveniente come Trovamala dalla Compagnia Volontari Universitari di Siena, fotografato in pieno deserto presso il Villaggio Corradini. È interessante notare, tra i capi d'abbigliamento della sua uniforme, la presenza sia di materiale italiano in tela coloniale, sia di preda bellica inglese.

▲ Carristi del 31° accanto ad un autocarro britannico Dodge T212 di preda bellica. La guerra nel deserto era terribile, logorava uomini e mezzi e, per questo motivo, quando venivo catturati autoveicoli o mezzi corazzati in buono stato o riparabili, questi venivano immediatamente reimpiegati e messi in linea. Sullo sfondo un autocarro SPA 38R.

▼ L'acqua, preziosissima alleata del combattente del deserto. Al fronte veniva conservata in taniche, le cui costolature spesso erano dipinte con vernice bianca, per distinguerle da quelle utilizzate per il carburante. Era diffusa pure una croce bianca, molto più rara una semplice scritta.

▲ Una foto dello stesso automezzo, purtroppo sfocata, che permette però di notare come venissero apposti dei vistosi tricolori sui mezzi catturati, per evitare di essere fatti segno di fuoco amico.

▲ Un reparto di Dubat assiste alle fasi di scarico di materiali da una nave della Regia Marina (tra un vetusto autocarro). Purtroppo, non vi sono indicazioni sulla fotografia utili ad identificare la località.

▼ Trovamala ritratto insieme a due commilitoni carristi, probabilmente ritratti prima del rientro in Italia del proprio reparto.

▲ Il Carrista Silvano Masili, fotografato nella località di Jnami in Libia nel febbraio del 1942. Il militare indossa la divisa coloniale in tela cachi, con le mostrine da carrista ed il regolamentare fregio sulla bustina.

▲ A Napoli, dopo suo rientro in Italia nel febbraio 1942, il sergente maggiore sorride all'obiettivo del fotografo. Il giovane indossa ancora l'uniforme in tela coloniale e sulla bustina ha il regolamentare fregio della Fanteria Carrista.

▲ Lo stemma araldico del 31° Reggimento Fanteria Carrista riprende la lunga esistenza dell'unità all'interno della Divisione Corazzata "Centauro", proponendone lo stemma. Nel cartiglio il motto adottato dal Reggimento "Ferro et corde frangit hostes" ("Con la spada e con il cuore travolge il nemico").

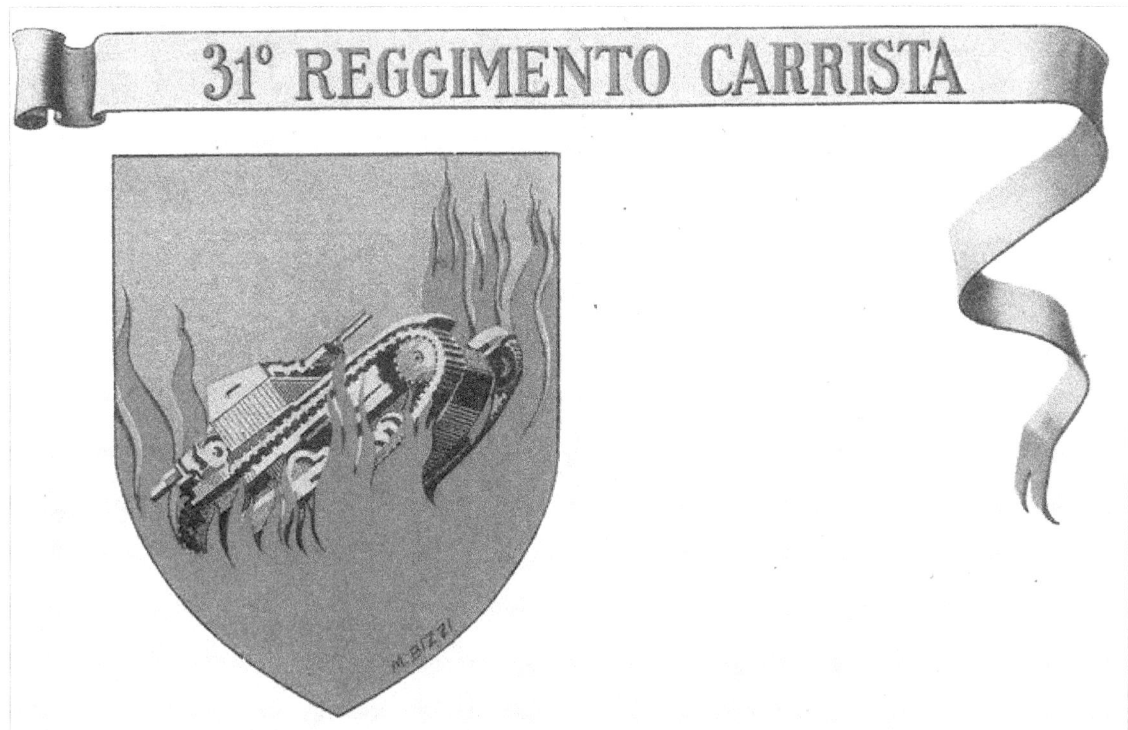

▲ Evocativa cartolina del 31° Reggimento Carristi di Siena, firmata dal celebre disegnatore Bizzi. Il carro veloce L3 viene rappresentato nella più ardita iconografia cara al Regime, che ispira un senso di potenza e velocità inserito perfettamente nelle fiamme rosse che, insieme al colore azzurro dello scudetto, vanno a rappresentare i colori delle mostrine della specialità Carrista.

▼ Cartolina inviata da un Carrista del 31° Reggimento Carristi da Siena, sede del reparto, nel febbraio 1941. La cartolina fa parte di una serie prodotta dalla Fotocelere Camparsi di Torino nel 1940 (Tallillo).

▲ Il sergente maggiore Trovamala in licenza, fotografato con la madre, prima dell'inizio del corso da allievo ufficiale a Bologna. Il giovane carrista è tornato ad indossare l'uniforme continentale in panno grigioverde, completa di tutti gli accessori tipici della specialità: mostrine rosse e blu, bandoliera in cuoio grigioverde a due tasche, gambali in cuoio.

3° REGGIMENTO FANTERIA CARRISTA

Il 3° Reggimento Carristi derivava direttamente dal Reggimento Carri Armati, costituito a Roma al Forte Tiburtino il 1° ottobre 1927. Il Reggimento Carri Armati era organizzato su:

Comando;
Deposito;
I Battaglione;
II Battaglione;
III Battaglione;
IV Battaglione;
V Battaglione[2];
Compagnia Autoblindomitragliatrici.

Nel 1931 il comando del "Reggimento carri armati" venne trasferito da Roma a Bologna. In seguito allo scioglimento del Reggimento Carri Armati furono formati 4 Reggimenti Carristi[3]: il 3° Reggimento Fanteria Carrista fu dunque costituito il 15 settembre 1936 a Bologna, presso la caserma "Mazzoni", al comando del colonnello Valentino Babini, e raccolse direttamente l'eredità del Reggimento Carri Armati, essendo nato per diretta trasformazione dello stesso.

Al momento della costituzione il Reggimento era formato da:

VI Battaglione carri d'assalto "Lollini" (del Corpo d'Armata di Bologna), con sede a Treviso e facente parte del Corpo d'Armata di Bologna;

VII Battaglione carri d'assalto "Vezzani" con sede a Firenze e facente parte del Corpo d'Armata di Firenze;

I Battaglione carri di rottura, dislocato a Bologna[4];

Compagnia Meccanizzata Zara, (a volte denominata nei documenti 7 a Compagnia, con riferimento al 3° Reggimento) costituita nel 1936 con sede appunto nella città dalmata, nella Caserma Capannoni, dotata di carri armati Fiat 3000 e di blindo lancia 1ZM. Il primo comandante fu il capitano Ferdinando D'Avenia, al quale subentrò nel marzo 1937 il tenente Goffredo Fiore, sostituito infine dal capitano Sturace;

Battaglione Scuola allievi ufficiali di complemento e allievi sottufficiali.

Passarono alle dipendenze amministrative e logistiche del 3° Reggimento Carristi di Bologna tutti i Battaglioni della specialità carri d'assalto (XXI, XXII, XXXII, XXXIII), che erano stati inviati nelle colonie dal preesistente Reggimento Carri Armati. Nel 1936 furono integrati nell'organico del 3° Reggimento infatti alcuni Battaglioni carri d'assalto rientrati in

---

2 Ciascun Battaglione era organizzato su quattro Compagnie di due Plotoni carri ognuno.
3 Oltre al 3° Reggimento Fanteria Carrista, gli altri Reggimenti erano:
1° Reggimento Fanteria Carrista (a Vercelli);
2° Reggimento Fanteria Carrista (a Verona, nel 1938 assunse la denominazione di 32° Reggimento);
4° Reggimento Fanteria Carrista (a Roma).
4 Si trattava del V Battaglione carri leggeri, dotato di carri armati FIAT 3000, che erano stati inizialmente denominati "carri leggeri", per essere poi catalogati come "carri di rottura".

Patria dalla Cirenaica:

XXI Battaglione carri d'assalto "Trombi";
XXIII Battaglione carri d'assalto "Stenio";
XXXII Battaglione carri d'assalto "Battisti".

Questi ultimi due passarono però successivamente al carico di mobilitazione del 33°
Reggimento Fanteria Carrista in seguito alla sua costituzione. Non fu l'unica variazione
di organico a cui andò incontro il 3° Reggimento prima della Seconda Guerra Mondiale:
infatti, il I Battaglione Carri di rottura ed il VII battaglione carri M furono ceduti al neocostituito 31° Reggimento.

Nel 1939 entrarono in organico al 3° Carristi:

V Battaglione carri d'assalto "Venezian" di Trieste (ceduto poi anch'esso al 31° Reggimento);
XI Battaglione carri d'assalto "Gregorutti" di Udine.

Il Reggimento aveva dato anche un contributo notevole alla formazione delle unità carriste che combatterono con i Nazionalisti durante la Guerra Civile spagnola: in terra iberica
furono inviati mezzi corazzati e personale e lo stesso comandante del Raggruppamento
Carristi, colonnello Babini, era già comandante del 3° Reggimento.

Il 3° Reggimento Fanteria Carrista nella sua sede di Bologna svolse un importante compito addestrativo, assorbendo il maggior carico delle funzioni addestrative dell'intera specialità Carrista. Fu costituito un Battaglione Scuola, destinato alla formazione tecnica dei
Carristi, oltre a 3 Battaglioni Allievi (uno ciascuno per Ufficiali, Sottufficiali e Carristi), che
servirono da serbatoio per buona parte dei reparti Carristi del Regio Esercito. Lo stesso
Trovamala, protagonista di quest'album fotografico, partecipò al X Corso per allievi ufficiali, tenutosi dal 5 marzo al 15 luglio 1942, inquadrato nella 1ª Compagnia del 3° Battaglione
Allievi Ufficiali.

Presso il 3° furono anche sperimentati i nuovi materiali, collaudati i carri in dotazioni
alle unità di Fanteria Carrista (L 6/40, M 11/39, M 13/40), inventati nuovi dispositivi, elabo-
rate modifiche tecniche ai mezzi già in dotazione, per sopperire alle segnalazioni fatte dalle
unità impegnate sui campi di battaglia. Per tutta la durata del secondo conflitto mondiale
il Reggimento continuò a svolgere il compito di addestramento degli allievi ufficiali, degli
allievi sottufficiali e degli allievi specialisti, nonché quello della costituzione e preparazione
di nuove unità destinate ai vari fronti, presso il Deposito Reggimentale. Quest'ultimo aveva
con funzioni amministrative e matricolari e provvedeva all'immatricolazione del personale,
all'integrazione dei nuovi mezzi corazzati ricevuti, ed all'addestramento al combattimento
dei carristi.

Il Reggimento costituì anche la Compagnia Carri Speciale per l'Egeo, al comando del
Capitano Fabio Fabi, destinata alle isole del Dodecaneso. La Compagnia entrò in organico
al CCCXII Battaglione Carri Misto e prese parte all'operazione "Merkur" (l'occupazione
dell'isola di Creta) nel maggio 1941.

All'ingresso dell'Italia nella Seconda guerra mondiale, il Reggimento inquadrava il V
Battaglione carri L3/35 ed il XI Battaglione carri L3/35.

Fronte Francese

Allo scoppio della Seconda guerra mondiale, al comando del colonnello Pedoni, il 3° Carristi venne schierato sul fronte occidentale, inquadrato nel Raggruppamento Celere della 1ª Armata, di cui facevano parte anche il 1° Reggimento Bersaglieri e il 13° Reggimento "Cavalleggeri di Monferrato". Il Raggruppamento Celere non prese parte alle operazioni belliche, per il rapido evolversi del conflitto; il Reggimento fu così in breve tempo fatto rientrare a Bologna.

Africa Settentrionale

Nel dicembre 1940 il V Battaglione Carri L "Venezian" venne inviato in Nordafrica, dove fu assegnato alla Divisione di Fanteria "Pavia". I carristi del V battaglione si scontrarono con reparti britannici durante la prima offensiva, prendendo parte a violenti ed accaniti combattimenti. Il Battaglione sacrificò uomini e mezzi lottando contro un nemico preponderante, composto sia da unità di fanteria che corazzate, e dando l'assalto a capisaldi nemici fortemente armati. Nel gennaio del 1941 il Battaglione "Venezian" prese parte alle operazioni per la riconquista del deserto sirtico e, successivamente, a quella di Agedabia e all'assedio di Tobruch.

Il IX Battaglione carri M, dotato dei più recenti carri medi M13/40 (tra i 41 e 46 esemplari), derivava al XI Battaglione carri L "Gregorutti". Si era costituito a Bracciano nel marzo 1941 dove, all'inizio del 1941, il personale effettuò il corso di specializzazione per il passaggio sui nuovi carri M13/40; successivamente il IX Battaglione venne destinato al Nordafrica dove sbarcò il 29 luglio 1941. Il Battaglione venne inquadrato nel 132° Reggimento Fanteria Carrista della Divisione Corazzata "Ariete", con il quale partecipò a tutti i combattimenti sino alla battaglia di El Alamein[5].

Balcani

La Compagnia Meccanizzata di Zara, coi suoi dieci L3 / 35 (dei sette Fiat 3000 ancora efficienti non si sa molto) si dislocò il 1° aprile 1941 nel settore di Zemonico al confine con la Jugoslavia, insieme al IX Battaglione Bersaglieri Zara, in vista dell'offensiva contro il Paese balcanico. Tra i suoi compiti, oltre a resistere in attesa di rinforzi, c'era – sulla carta – l'occupazione delle isole antistanti. Subì ben tre attacchi aerei, solo il primo non causò danni gravi.

Il 5 aprile superò la resistenza sul confine, respingento più di un attacco di reparti della Divisione di fanteria jugoslava "Jadranska" ed occupò la cittadina di Bencovac; il giorno successivo combatté nei dintorni di Knin, con nove dei suoi L3 nella "Colonna Morra" sostenendo un furioso scontro portato dal Battaglione Bersaglieri di Zara da Bencovazzo (Berkovac) a Zoviavecchia. La Compagnia proseguì successivamente l'avanzata verso sud, raggiungendo Sebenico, Traù e Spalato, passando alle dipendenze del III Corpo d'Armata. Vene così impegnata a presidio di Mostar, Ragusa e Cattaro, dove si scontrò, al comando del capitano Sturace, contro le locali bande ribelli jugoslave. Tra agosto e settembre del 1942, venne sciolta, diventando la 4ª Compagnai del I Battaglione del 31°.

---

5 Oltre alla preparazione dei reparti che combatterono in Nordafrica, il 3° Reggimento preparò quadri e reparti di alcuni squadroni autoblindo ed altre unità, che operarono in Africa orientale.

Decorazioni alla Bandiera

Per meriti di guerra, allo Stendardo del 3° Reggimento Carristi furono concesse due Medaglie di Bronzo al Valor Militare, al V Battaglione carri L ed al IX Battaglione. Questa la motivazione della medaglia del V Battaglione carri L "Veniezian":

"Dopo aver per lunghi mesi dato valorosamente valido contributo di azione e di sangue sul fronte della cinta di una piazzaforte assediata, ridotto nei mezzi e negli uomini interveniva con slancio e coraggio inalterabili nella battaglia della Marmarica. Posto di fronte a forze di fanteria e corazzate preponderanti le aggrediva arrestandone l'impeto e volgendo in fuga truppe appiedate. Impiegato di nuovo in azione dimostrativa in località lontane dalle linee, si impegnava di iniziativa e con grande coraggio contro capisaldi nemici annientandoli, catturando prigionieri e causando al nemico gravi perdite in morti e feriti. In successivo fatto d'arme con pochi carri ancora validi confermava queste doti d'abnegazione e coraggio, dando esempio di profondo senso del dovere e di valore carrista non comune. Cinta di Tobruch, 23 novembre - 5 dicembre 1941".

Questa invece quella del IX Battaglione "Guadagni":

"Durante un tormentato periodo di operazioni, lanciato contro il nemico preponderante in forze e in mezzi, sempre isolato, sostenuto da fede incrollabile ed elevatissimo spirito di sacrificio, si opponeva all'offensiva nemica da Bardia ad Agedabia affrontando in ogni scontro la sicura distruzione e considerando chiusa la lotta allorché l'ultimo carro veniva incendiato. Quando tutto crollava, gli intrepidi Carristi seppero superare la sfortuna, immolandosi per il dovere e l'onore. Egitto - Marmarica (Africa Settentrionale) - dicembre 1940 - 5 gennaio 1941".

La ricostituzione nel Dopoguerra

Il Reggimento fu ricostituito nel 1963 con la denominazione di 3° Reggimento Fanteria Corazzato, nella sede di Persano ed inquadrato nella Divisione fanteria "Granatieri di Sardegna" , ma poi fu definitivamente sciolto nel 1976 a seguito della ristrutturazione dell'Esercito.

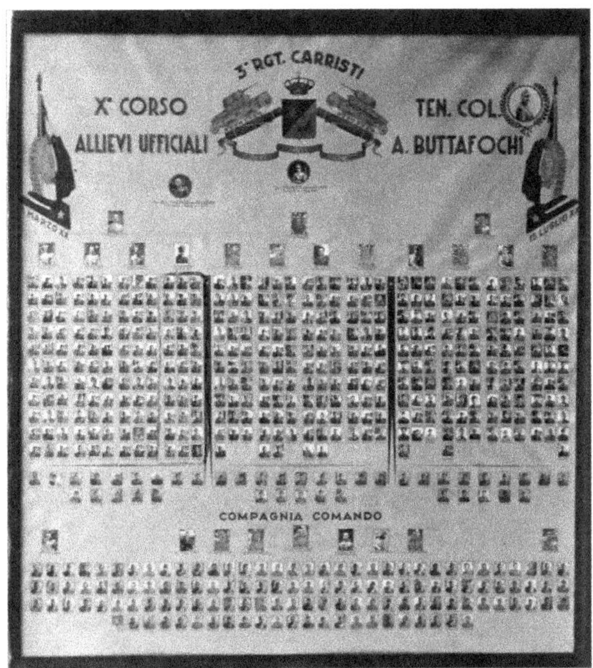

▲ Il protagonista di questo album fotografico frequentò, dopo il rientro in Italia dal Fronte Africano, dove aveva combattuto con il 31° Carristi, un corso per diventare ufficiale presso il 3° Reggimento Carristi di Bologna. Il corso, il decimo organizzato dal Reggimento, era comandato dal tenente colonnello Buttafuochi e si tenne tra il 5 marzo ed il 15 luglio del 1942. In questa immagine ricordo vi sono le fotografie di tutti gli allievi ufficiali, degli ufficiali istruttori e degli ufficiali comandanti, che formavano i 3 Battaglioni Allievi (Ufficiali, Sottufficiali e Carristi) e la Compagnia Comando del Corso.

▼ Lo stemma araldico del 3° Reggimento Fanteria Carrista di Bologna, così come appare sul frontespizio di un calendario reggimentale del periodo bellico. L'iconografia è parzialmente diversa da quella odierna e compare lo storico motto dell'unità "Pondere et Igne juvat" ("Aiuta con la massa e col fuoco").

▲ La 1ª Compagnia del 3° Battaglione Allievi Ufficiali Carristi, comandato dal tenente colonnello Partigli, di cui faceva parte il sergente maggiore Trovamala.

▼ La 1ª Compagnia del 3° Battaglione Allievi Ufficiali Carristi sfila a Bologna, al comando del capitano Miele.

▲ Primo piano del sergente maggiore Trovamala, scattata nel maggio 1942, durante il corso per allievo ufficiale a Bologna.

▼ Addestramento al tiro con la pistola nei pressi di Bologna nel maggio del 1942. Per proteggersi dalla pioggia molti dei militari indossano, sopra la tuta turchina da Carrista, il telo tenda, realizzato con tessuto impermeabile mimetico M1929.

▲ Trovamala durante il corso Allievi Ufficiali presso il 3° Reggimento Carristi di Bologna.

▲ Addestramento al superamento degli ostacoli con il carro medio M13/40.

▼ Maggio 1942: Santa Messa al campo prima della partenza per il campo di addestramento di Maniago (PN).

▲ I mezzi del Battaglione Allievi Carristi schierati durante la Messa al campo, prima della partenza per Maniago. Si nota in primo piano un'autoblinda AB41, seguita da un carro leggero L6/40, alcuni carri leggeri L3 ed alcuni carri medi della serie M.

▼ Allievi del 3° Battaglione Allievi Ufficiali Carristi alla stazione ferroviaria di Marzabotto (BO) in attesa del treno del treno che li porterà a seguire le lezioni pratiche di tiro con le bocche da fuoco (maggio 1942). Da sinistra: Venzi, Trovamala, Le Grazie, Migliati, Fiori, Nardelli, Cazzani, Pinna, Armano, Ketliz.

▲ Gli allievi ufficiali carristi Fiori, Trovamala, Verzi e Galloni scherzano alla stazione ferroviaria di Marzabotto.

▼ Interessante l'uso dell'uniforme da fatica in tela grigia, sulla quale spiccano le stellette ricamate in filo bianco, cucite direttamente sul collo della giubba.

▲ Da sinistra gli ufficiali sottotenente Ravaglia, capitano Miele (che porta al braccio la fascia a lutto, prevista per i militari che avevano avuto un famigliare deceduto) ed il sottotenente Cosfu.

▼ Addestramento al tiro con la mitragliera Breda da 20 mm: all'arma l'allievo ufficiale Barbieri di Modena.

▲ Il sergente maggiore Trovamala durante le esercitazioni al fuoco: il carrista indossa la tuta turchina della specialità, sulla quale è cucito uno sconosciuto distintivo metallico ovale. Non si hanno notizie di questo distintivo, che porta al centro lo stemma dei Carristi e la dicitura "1ª Compagnia", riferita probabilmente alla 1ª Compagnia del 3° Battaglione Allievi Ufficiali Carristi, di cui Trovamala faceva parte. Un distintivo molto simile fu in uso anche nel successivo XI Corso AUC "Generale Baldassarre" che si svolse sempre al 3° Reggimento dall'agosto al dicembre 1942.

▼ Questa fotografia scattata a Maniago nell'autunno 1942 ritrae un gruppo di allievi Carristi dello XI Corso Allievi Ufficiali di Complemento, che portano sulle tute lo stesso distintivo metallico di Trovamala (Saponara).

▲ Prove di guida dei motoveicoli a Maniago (UD). Spesso gli ufficiali carristi utilizzavano in prima persona le motociclette per coordinare e dirigere le azioni di fuoco dei propri reparti sul campo di battaglia.

▼ Un carro M13/40 viene scaricato da un rimorchio unificato, probabilmente un Bartoletti tipo GU, nel corso di un'esercitazione.

▲ Lo stesso carro armato della fotografia precedente, che presenta una livrea monocromatica giallo sabbia, avanza tra la boscaglia.

▼ Carro armato leggero L3/35 entra in un corso d'acqua.

▲ Lo stesso carro armato leggero impegnato nel guado. L'abilità nell'attraversamento di fiumi era ritenuta una dote fondamentale dei piloti di carri armati del Regio Esercito e, per questo motivo, veniva dedicata molta attenzione alla preparazione dei futuri carristi per questa attività.

▼ Carri armati FIAT 3000 (due dotati di radio RF CR). Questo fu il primo carro armato prodotto in serie dall'Italia ed avrebbe dovuto rappresentare il carro standard dei nostri reparti corazzati già al termine della Prima guerra mondiale, ma entrò in servizio solo nel 1921. Ebbe vita operativa molto lunga e, benché surclassato da mezzi decisamente più moderni e performanti, fu portato in linea dal Regio Esercito anche durante la Seconda guerra mondiale, in servizio presso alcune Compagnie della Guardia alla Frontiera, mentre qualche esemplare in attesa di sostituzione si trovava presso i reggimenti corazzati. Quando nel luglio 1943 gli americani sbarcarono in Sicilia, due Compagnie di Fiat 3000 erano ancora in linea, ma vennero presto distrutte. Fu questa la fine (ingloriosa) di questo prodotto dell'industria bellica italiana.

▲ Notevole schieramento di carri armati medi M13/30: i carri della serie M furono la spina dorsale dei Reggimenti Carristi e della Divisioni Corazzate del Regio Esercito.

▼ Un M13/40 attraversa un fiume. Il carro è dipinto nel colore standard giallo sabbia, nonostante la fotografia restituisca una colorazione solo all'apparenza più scura.

▲ Cartolina dall'iconografia veramente aggressiva col motto dei Carristi, disegnata da Romolo Pietruccioli, per i tipi dell'Editore Boeri, Roma (Tallillo).

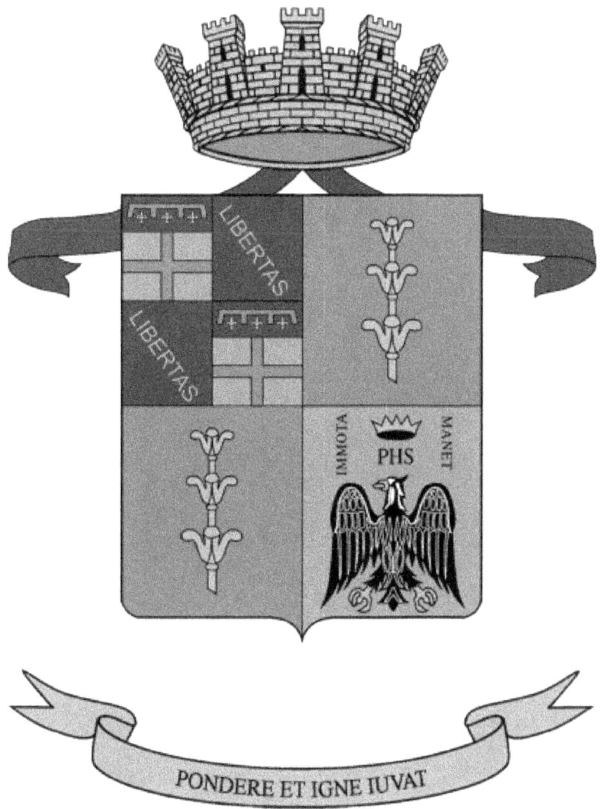

▲ Lo stemma araldico del 3° Reggimento Fanteria Carrista.

▼ Cartolina del 3° Reggimento Fanteria Carrista, firmata da Clemente Tafuri, che rappresenta l'episodio di Gianagobò Uadi Korrak, ai Somalia il 17 aprile 1936.

▲ Dopo avere completato il corso per Allievo Ufficiale, Trovamala, ormai nominato sottotenente, fu trasferito al 32° Reggimento Carristi di Verona nell'agosto del 1942. In questa serie di scatti l'ufficiale è ritratto al Castello Sforzesco di Milano. Le immagini ci mostrano con dovizia di particolari, grazie alla buona qualità delle stesse, la composizione dell'uniforme degli ufficiali Carristi del periodo bellico.

32° REGGIMENTO FANTERIA CARRISTA

La genesi del 32° Reggimento Fanteria Carrista risale al 16 luglio 1937, data in cui il Ministero della Guerra dispose la formazione (da attuarsi entro un anno) della I Brigata Corazzata (con sede a Siena) e della II Brigata Corazzata (con sede a Milano), ufficialmente costituite il giorno precedente. Queste due Brigate avrebbero dovuto inquadrare rispettivamente due Reggimenti di nuova formazione[6]:

31° Reggimento Fanteria Carrista (costituito a Siena il 1° luglio 1937);

32° Reggimento Fanteria Carrista (costituito a Verona il 1° dicembre 1938, per trasformazione del 2° Reggimento). Quest'ultimo era formato da:

I Battaglione carri di rottura (già IV Battaglione);
II Battaglione carri di rottura (già III Battaglione);
XXI Battaglione carri d'assalto.

Il 1° dicembre 1938, quindi, Il 2° Reggimento Fanteria Carrista assunse la nuova numerazione di 32° Reggimento Carri "Ariete" il 1° dicembre 1938 ed andò a costituire la 132ª Divisione Corazzata "Ariete", con l'8° Reggimento Bersaglieri, il 132° Reggimento Artiglieria Corazzata ed altri minori reparti divisionali minori, il 1° febbraio 1939. Durante l'estate furono formati due nuovi Battaglioni, dotati di carri M11/39, il I ed il II Battaglione carri medi; il I Battaglione carri M aveva sede a Verona, mentre il II Battaglione a Vicenza.

Con l'entrata del Regno d'Italia nel secondo conflitto mondiale, anche il 32° Reggimento fu coinvolto nelle operazioni belliche. Vediamo nel dettaglio i fronti dove fu impiegato.

Fronte Francese

Subito dopo la dichiarazione di guerra, il Reggimento fu trasferito da Verona l'11 giugno 1940, insieme a tutta la Divisione, lungo la frontiera con la Francia, passando alle dipendenze dell'Armata del Po, non venendo però impiegato in combattimento.

Nell'ottobre 1940 il III Battaglione ricevette 37 nuovi medi M 13/40, che andarono a sostituire gli M11/39.

Africa Orientale

Già il 24 aprile 1940 una Compagnia del I Battaglione carri M fu inviata in Africa Orientale Italiana. Con una dotazione di 24 carri M11/39, la Compagnia fu riorganizzata su 2 Compagnie di 4 Plotoni ciascuna, la 321ª dislocata in Eritrea e la 322ª dislocata in Etiopia ad Addis Abeba.

La 321ª prese parte alla battaglia di Monte Koben presso Cassala il 31 gennaio 1941, ma fu poi annientata presso Agordat alla fine di marzo. La 322ª partecipò alla conquista del Somaliland; nel corso delle operazioni diede un contributo importante alle battaglie di

---

6 Il 1° aprile 1939 la II Brigata Corazzata diede origine alla 132ª Divisione Corazzata "Ariete", mentre il 20 aprile la I Brigata Corazzata formò la 131ª Divisione Corazzata "Centauro". Le due Divisioni Corazzate avrebbero dovuto costituire il Corpo d'Armata Corazzato, progetto che in realtà non si concretizzò.

Hargeisa (5 agosto 1940), di Daharboruc (11 agosto) e di Lafaruc (17 agosto). Nei mesi successivi la Compagnia partecipò ad altri cicli di operazioni e molti suoi carri furono distrutti dalle truppe sudafricane. Il 22 maggio 1941 fu dichiarata sciolta.

Africa Settentrionale

Le avanguardie del 32° Reggimento Carristi sbarcarono in Libia l'8 luglio 1940: erano il I Battaglione carri M, comandato dal maggiore Vittorio Ceva, ed il II Battaglione carri M, comandato dal Maggiore Eugenio Campanile. I due Battaglioni, che furono ceduti al 4° Reggimento Carristi, avevano un organico di circa 600 uomini ed una dotazione di 72 carri armati, 56 automezzi, 37 motocicli e 76 rimorchi, che si andarono ad aggiungere ai 324 carri L 3/35 del 4° Carristi, già presenti in Libia.

Dal XX Battaglione Carri L (Comando Truppe della Tripolitania) furono tratti il LX Battaglione Carri L (posto alle dipendenze della Divisione "Sabratha") ed il XLI Battaglione Carri L (posto alle dipendenze della Divisione "Sirte"), mentre dal XXI Battaglione Carri L (Comando Truppe della Cirenaica) il LXII Battaglione Carri L (posto alle dipendenze della Divisione "Marmarica") ed il LXIII Battaglione Carri L (posto alle dipendenze della Divisione "Cirene").

Il 5 agosto 1940 i carri M11/39 del 32° Reggimento furono i primi a scontrarsi col nemico a Sidi El Azeiz e ad attraversare il confine egiziano, raggiungendo Sidi El Barrani e Marsa Matruk a settembre.

Alcuni battaglioni del Reggimento furono duramente impegnati nel corso della prima controffensiva inglese; il III e il V Battaglione Carri M[7], inquadrati nella Brigata Corazzata Speciale "Babini"[8] parteciparono alle battaglie di Bardia, Mechili e Beda Fomm.

Nel frattempo, l'intero 32° Reggimento Carri, giunto via nave da Napoli il 24 gennaio 1941, affluì integralmente nella Divisione Corazzata "Ariete" e con essa condivise le sorti della Campagna in Nord Africa. A tale data il Reggimento, oltre ai reparti già presenti in Africa, comprendeva:

---

7 Il V Battaglione Carri M 13/40, costituito nel novembre 1940, era giunto dall'Italia al comando del tenente colonnello Iezzi, su due Compagnie, dotate complessivamente di 37 carri armati.

8 Il 29 agosto 1940, infatti, tutte le unità carri disponibili in Libia furono riunite nel "Comando Carri Armati della Libia" agli ordini dell'esperto Generale Carrista Valentino Babini, andando a formare l'omonima Brigata Corazzata Speciale, articolata su:

- I Raggruppamento Carristi:
  - I Battaglione Carri M 11/39
  - XXI Battaglione Carri L3/35
  - LXII Battaglione Carri L3/35
  - LXIII Battaglione Carri L3/35
- II Raggruppamento Carristi:
  - II Battaglione Carri M 11/39 (meno una compagnia)
  - IX Battaglione Carri L3/35
  - XX Battaglione Carri L3/35
  - LXII Battaglione Carri L3/35
- Battaglione misto formato dalla Compagnia carri M11/39 proveniente dal II Battaglione, dal LX Battaglione Carri L e dal V Battaglione Carri L 3/35 "Venezian", proveniente dal 3° Reggimento Carristi di Vercelli.

Purtroppo, tale accentramento fu limitato a motivi addestrativi e di controllo e perciò l'unità di formazione, che aveva peraltro avuto pochissimo tempo per prepararsi, finì con l'essere nuovamente disgregata per l'impiego, con risultati tutt'altro che favorevoli.

I Battaglione Carri L

II Battaglione Carri L

III Battaglione Carri L

VII Battaglione Carri M (giunto in Africa l'11 marzo), al comando del maggiore Andreani e con 50 carri M13 / 40.

VIII Battaglione Carri M (proveniente dal 4° Reggimento Carristi), con 52 carri

IX Battaglione Carri M (proveniente dal 3° Reggimento Carristi)

Tra il 5 e l'8 febbraio 1941 nei pressi di Beda Fomm si scatenò una cruenta battaglia che vide contrapporsi centinaia di carri armati ed autoblindo inglesi della IV Brigata e dell'11° Ussari contro i pochi mezzi corazzati superstiti del III e del V Battaglione Carri del Regio Esercito, precedentemente riuniti in un Raggruppamento temporaneo al comando del tenente colonnello Autore, in un duello che era chiaramente impari e dall'esito scontato sin dall'inizio. I carri dei due Battaglioni si batterono nel tentativo di assicurare il ripiegamento delle fanterie e delle artiglierie italiane, che stavano procedendo lungo la via Balbia; la battaglia fu persa, tutti i carri andarono distrutti od immobilizzati ed il 50% degli uomini cadde sul campo o rimase ferito, ma l'avversario fu comunque arrestato. A ricordo dell'immane sacrificio di questi due Battaglioni, la data dell'8 febbraio fu scelta quale Festa di Corpo del 32° Reggimento Carri.

Il 32° Reggimento Carri, da marzo a dicembre del 1941, al comando dei colonnelli Brunetti e poi Ferrari, partecipò alla riconquista della Cirenaica ed al primo assedio di Tobruk. Il 17 aprile un reparto formato da 7 carri L3 e 4 M13 attaccò il caposaldo di Ras El Medauaar, nei pressi di Tobruk. Il comando di questo nucleo era stato affidato al tenente D'Ambra, al cui comando si trovavano 11 ufficiali volontari, uno per ciascun carro. I piccoli carri L 3 furono presto colpiti ed immobilizzati, solo gli M13/40 riuscirono a contrastare i nemici, bersagliandoli a colpi di cannone per alcune ore. Una parte dei membri degli equipaggi dei carri leggeri poterono rientrare a piedi verso le proprie linee solo col far della sera, protetti dai carri medi superstiti. Chi non riuscì a ripiegare andò in contro ad una fine atroce, rinchiuso dentro lo scafo dei minuscoli carri leggeri, dove morirono carbonizzati.

A fine ottobre il Reggimento cedette il VII Battaglione Carri M13/40 al neocostituito 132° Reggimento Carri, reparto che doveva rinforzare la Divisone "Ariete" ed essere equipaggiato solo con carri armati della famiglia M. Il 32° Reggimento rimase quindi con i soli Battaglioni carri d'assalto, continuando a combattere inserito nella "Ariete". I continui scontri logorarono i Battaglioni, che furono via via dissanguati in uomini e mezzi: l'8 gennaio 1942 fu di conseguenza deciso lo scioglimento del Reggimento ed il rientro in Patria dello stendardo di combattimento, che avvenne a febbraio. Nel maggio 1941 il Reggimento aveva costituito il XII Battaglione Carri M con 52 carri M14 / 41 e nel settembre 1941 il XVI Misto, con 53 mezzi (35 carri M14 / 41, 16 semoventi da 75 / 18 e 2 carri comando per semoventi).

Sardegna

Nel maggio 1942 il Reggimento si ricostituì e nel mese di settembre, al comando del tenente colonnello Ercole Calvi (successivamente promosso generale), fu trasferito in Sardegna, dove fu posizionato nella zona di Sanluri (SU). In Sardegna il Reggimento risultava articolato su:

Comando (dislocato a Sanluri)

Plotone Comando (dislocato a Sanluri)

Officina Reggimentale (dislocata a Monti)

II Battaglione Carri L35, dislocato a Sanluri; comandato dal Tenente Colonnello Luigi Longo, era posto alle dipendenze del Comando della Divisione Paracadutisti "Nembo" ed una Compagnia del Battaglione era dislocata a Tempio Pausania.

XVI Battaglione Carri M41, dislocato ad Ozieri al comando del Maggiore Furla

CC Battaglione Carri Somua , dislocato a Dolianova, era comandato dal Capitano Dal Pozzo e dipendeva per l'impiego dal XIII Corpo d'Armata

9ª Compagnia Motomitraglieri

10ª Compagnia Motomitraglieri

11ª Compagnia Motomitraglieri

13ª Compagnia Motomitraglieri

2ª Compagnia del I Battaglione Controcarro autocarrato da 47/32

I reparti del 32° Reggimento parteciparono sull'isola agli episodi di resistenza attuati dalle Forze Armate italiane contro i tedeschi nelle settimane successive all'Armistizio.

Intanto nella sede di Verona, il Deposito del Reggimento continuava a lavorare per formare altri specialisti carristi ed altri Battaglioni carri. Tra essi ricordiamo anche il IV Battaglione carri M 13/40, inizialmente destinato all'Africa Settentrionale, ma inviato poi in Albania, alle dipendenze del 31° Reggimento Carristi, nell'imminenza dell'apertura della campagna di Grecia, ed il XX Battaglione Semoventi da 47/32, comandato dal Tenente Colonnello Alessandro Minelli, che, assegnato alla Divisione "Friuli, prese parte alle operazioni di liberazione della Corsica nel settembre 1943.

Mentre al Nord Italia il Deposito di Verona passò sotto controllo dell'Esercito della Repubblica Sociale Italiana, al Sud il 32° Reggimento fu mantenuto in vita, rimanendo a presidio della Sardegna fino all'estate del 1944. Il 2 ottobre 1944, però il Reggimento fu ufficialmente sciolto e la Bandiera fu depositata al Vittoriano nel sacrario dell'Altare della Patria.

Decorazioni alla Bandiera

Per meriti di guerra del III Battaglione Carri, allo Stendardo del 32° Reggimento Carristi fu concessa una Medaglia d'Oro al Valor Militare, con questa motivazione:

"Durante due mesi di tormentoso periodo di operazioni in Africa Settentrionale, lanciato contro un avversario che alla preparazione ed all'esperienza univa una schiacciante superiorità di armi corazzate, si impegnava oltre ogni limite di resistenza e di sacrificio. Nella difesa di Bardia sacrificava una intera compagnia, distrutta carro per carro, in lotte impari ed estenuanti ed infliggendo sanguinose perdite a uomini e mezzi avversari. Mutilato di questi suoi elementi, il battaglione continuava sempre in attacco e sempre animato dallo stesso indomito tenace spirito offensivo, anelando unicamente ad affermare, a costo della propria distruzione, la superiorità del soldato italiano ed imponendosi all'ammirazione dell'avversario. Consapevoli del loro destino e ben più grandi della loro sfortuna, i carristi dei III battaglione M/13, sapevano immolarsi serenamente alla pura bellezza del dovere e dell'onore, talché la loro unità veniva tutta praticamente distrutta. Egitto-Marmarica (Africa Settentrionale) , 9 dicembre 1940 - 8 febbraio 1941".

Per meriti di guerra del V Battaglione Carri, allo Stendardo del 32° Reggimento Carristi fu concessa una Medaglia d'Argento al Valor Militare, con questa motivazione:
"Durante venticinque giorni di tormentate operazioni in A. S., lanciato contro un avversario che alla preparazione ed all'esperienza univa una schiacciante superiorità in armi corazzate, si impegnava con accanito valore, combattendo, giorno e notte, nel torrido e logorante clima desertico, spesso isolato, sorretto soltanto dalla fede e dall'animo indomito ed infliggendo al nemico perdite sanguinose. In situazione critica per le nostre armi, riunito con altri battaglioni
in una brigata improvvisata, si opponeva alla offensiva nemica, da Bardia ad Agedabia, strenuamente, anche senza speranza, affrontando la propria distruzione e chiudendo, con i pochi superstiti, la sua gloriosa e cruenta epopea nel rogo degli ultimi carri armati, incendiati dagli stessi equipaggi di fronte al soverchiante nemico. Cirenaica 15 gennaio - 8 febbraio 1941".

Negli anni successivi al secondo conflitto mondiale, la Bandiera del 32° Reggimento Carri fu insignita delle seguenti decorazioni:

Medaglia d'Argento al Valore dell'Esercito: *"Direttamente coinvolto nel grave terremoto che colpiva il Friuli, interveniva tempestivamente in soccorso delle popolazioni colpite con tutte le risorse di uomini e di materiali. In condizioni di estrema difficoltà ed a rischio della propria incolumità per il perdurare delle scosse e dei crolli, si prodigava in un generoso slancio di fraterna solidarietà nel soccorso dei feriti e dei sepolti dalle macerie, contribuendo a ridurre i danni provocati dalla sciagura ed a infondere sicurezza e fiducia ai sinistrati. L'opera svolta ha riscosso il plauso delle Autorità e la gratitudine della popolazione soccorsa e sollevata dalle immediate sofferenze. Friuli, 6 maggio 1976 — 30 aprile 1977".*
(medaglia conferita per l'attività del 3° Battaglione carri "M.O. GALAS")

Medaglia di Bronzo al Valore dell'Esercito: *"Il 32° Reggimento carri ha partecipato con proprie forze, inquadrate nel contingente italiano impegnato in Somalia, alle operazioni di soccorso e protezione alla popolazione martoriata dalla guerra civile. Per circa 15 mesi, operando diuturnamente, in oggettive difficoltà ambientali ed in condizioni di particolare sensibilità operativa, le sue unità hanno sempre evidenziato elevate capacità professionali e altissimo senso del dovere e dimostrato, in ogni circostanza, la capacità di discriminare le loro reazioni, evitando così inutile spargimento di sangue. Con i propri mezzi le unità hanno garantito una eccezionale cornice di sicurezza e fronteggiato molteplici emergenze diventando così punto di sicuro riferimento per tutte le forze del Contingente. Chiaro esempio di grande perizia ed estremo valore che ha concorso ad elevare e nobilitare il prestigio dell'Esercito Italiano sia in Patria sia all'Estero. Somalia, 29 dicembre 1992 – 15 marzo 1994".*

Medaglia di Bronzo al merito della Croce Rossa Italiana: *"In segno di viva, tangibile ricorrenza per il generoso contributo offerto alle operazioni di soccorso sviluppate dalle 'unità C.R.I. in favore delle popolazioni colpite dall'alluvione del novembre 1994. Roma, 29 dicembre 1995".*

▲ Trovamala a passeggio su Ponte Navi a Verona nel novembre del 1942, in compagnia del commilitone Apollonio, proveniente da Pola, anch'egli ufficiale Carrista.

▲ Il sottotenente Trovamala a Verona, quando era inquadrato nella 3ª Compagnia a San Michele, fotografato nel marzo del 1943. Al petto porta il nastrino per la medaglia della Campagna di Guerra con 2 stellette, che indicano 2 anni di servizio bellico.

▲ Un bel primo piano del 19 marzo 1943: sul berretto rigido il fregio dei Carristi con il numero identificativo del 32° Reggimento.

▲ *"Al mio carissimo amico Beppe per ricordo della nostra indistruttibile amicizia – Verona 26/4/1943"*. Nella foto il commilitone sottotenente Apollonio.

▲ Il tenente Avezzano, il tenente Saitta ed il sottotenente Piccoli del 32° Carristi sul Liston di Piazza Bra, nei pressi dell'Arena di Verona nel marzo 1943.

▲ Ufficiali del 32° Reggimento Carristi in libera uscita a Verona, sul Liston di Piazza Bra. Da sinistra: Piccoli, Apollonio e Riva.

▼ Gli ufficiali Apollonio, Valacchi e Paolini, insieme ad un quarto ufficiale non identificato, nelle vie del centro storico della città scaligera nel marzo del 1943.

▲ Primo piano del sottotenente Apollonio. Curioso l'uso di una giubba di vecchio modello, sulla quale non sono cucite le mostrine composite dei carristi, ma il bavero, di colore blu, fa da sfondo alle fiamme a due punte rosse.

▲ *"A Beppe compagno caro delle più felici come delle più tristi ore, con schietta e sincera amicizia – Verona 15 settembre 1943 - Nereo"*. Il compagno Nereo Valacchi in una foto datata dopo il tragico Armistizio dell'8 settembre.

▲ Stemma araldico del 32° Reggimento Fanteria Carrista.

▲ Medaglia del 32° Regimento Carristi, sulla quale sono rappresentati i carri armati M11/39 impiegati dal reparto ed è riportato il motto "Ferrea Mole Ferreo Cuore".

▼ Cartolina del 32° Reggimento Carristi, raffigurante carri M13/40 in azione.

IL DEPOSITO CARRISTI DI VERONA (1943-1945)[9]

Le ultime immagini raccolte nell'album fotografico che viene presentato in queste pagine ritraggono il sottotenente Trovamala presso le casermette di Montorio Veronese, dipendenti dal Deposito del 32° Reggimento Carristi di Verona, ne tardo autunno del 1943. Il sottotenente Trovamala, quindi, dopo l'Armistizio, probabilmente decise di aderire alla Repubblica Sociale Italiana, dato che il Deposito di Verona era stato incorporato nell'Esercito Nazionale Repubblicano.

Dopo il fatidico Armistizio dell'8 settembre 1943 e la costituzione della Repubblica Sociale Italiana, iniziò, a fatica, la ricostituzione di un Esercito e di reparti corazzati. Questo processo, soprattutto per la specialità Carrista, fu estremamente difficoltoso e portò a scarsi risultati. Rimasero attivi solamente il 31° Deposito di Siena ed il 32° Deposito di Verona, che furono impegnati in una serie di attività (ri)organizzative, caratterizzate da una estrema frammentazione, che non portarono però a risultati apprezzabili.

Il 20 febbraio lo Stato Maggiore dell'Esercito sancì che dal successivo 1° marzo il Deposito del 32° Reggimento Carristi di Verona sarebbe diventato 1° Deposito Carristi, unico per tutta la specialità carrista dell'Esercito Nazionale Repubblicano, dato che il Deposito di Siena, il 31°, sarebbe stato sciolto nella stessa data, in modo da concentrare in un unico organismo i carristi dislocati presso diverse unità ed organismi. Compito del Deposito di Verona fu di addestrare personale carrista da tenere a disposizione dello Stato Maggiore (per l'addestramento furono impiegati due carri M13 ed un semovente da 105/25), di predisporre il recupero di mezzi corazzati dispersi nelle caserme e nei depositi del disciolto Regio Esercito e di rimettere in efficienza quelli non marcianti per problemi meccanici o non utilizzati per mancanza di equipaggi. Il 21 aprile 1944 nel cortile della caserma, sede del Deposito, si tenne il giuramento delle reclute presenti.

Nel corso della sua attività, il Deposito poté fornire personale addestrato al Gruppo Squadroni Corazzati "San Giusto", all'officina della 26.Panzerdivision ed alle Divisioni italiane in costituzione, per formare le unità cacciatori di carri, in particolare alla Divisione "Italia".

Stando ad una relazione dello Stato maggiore dell'Esercito del 15 luglio 1944 si trovavano presso il Deposito di Verona 3 carri L3/35, 1 carro L6/40, 3 carri M13/40, 3 carri M15/42, 1 semovente da 105/25, in condizioni diverse, oltre a 9 autocarri, 1 autobotte, 1 autopompa, 2 automobili, 2 motociclette ed 1 mototriciclo.

Il Deposito di Verona fu sciolto dallo Stato Maggiore dell'Esercito il 31 agosto 1944, *"dato il minimo carico di mobilitazione"*. Fu così costituita una Sezione Carristi in seno al 27° Deposito Misto Provinciale, con un organico previsto di 2 ufficiali (un capitano caposezione ed un subalterno), 3 sottufficiali e 4 militari di truppa, di cui 3 dattilografi. Il personale in

---

9 Per approfondire le vicende del Deposito Carristi di Verona durante la Repubblica Sociale Italiana segnaliamo "Il Gruppo Corazzato del Leoncello" di Paolo Crippa (opera citata in bibliografia).

esubero doveva essere impiegato in altre unità e, mentre gli ufficiali avrebbero ricevuto una designazione nominativa per il loro nuovo impiego, sottufficiali e truppa sarebbero stati inviati presso i reparti controguerriglia del Raggruppamento Anti Partigiani o avviati alla Flak, se non perfettamente idonei. L'Officina fu mantenuta integra e sua emanazione doveva essere una Compagnia Autonoma Carri, formata utilizzando parte dei carri già presenti prezzo il disciolto 1° Deposito Carristi, cioè 1 semovente da 105/25, 5 carri M13/40, 1 carro L6/40 e 9 carri L3. Il mantenimento dell'Officina e la programmata costituzione di questa Compagnia Autonoma Carri furono i passi propedeutici alla creazione di quello che poi fu il Gruppo Corazzato del "Leoncello". Il 27° Deposito Provinciale Misto risultò così costituto su una Compagnia Deposito, formato da una Sezione Carristi ed una Sezione Chimici, al comando del tenente colonnello Finamore.

Il Deposito continuò ad avere in gestione un certo numero di mezzi corazzati fino alla fine del conflitto. Nel gennaio del 1945 aveva nelle sue rimesse (in diverse condizioni d'efficienza) 10 carri L3, 3 carri L6/40, 4 semoventi da 47/32 L40, 2 carri M13/40 e 4 autoblindo AB41. Durante l'insurrezione partigiana alcuni di questi mezzi furono razziati ed impiegati dai partigiani. Il 28 aprile un ufficiale dell'Esercito Nazionale Repubblicano, che era in contatto con la Resistenza, prelevò dal Deposito Misto di Verona 4 semoventi da 47/32. Questi furono portati a Padova, dove furono impiegati contro i reparti tedeschi in ritirata, che cercavano di entrare nella città veneta.

▲ Questa serie di fotografie è stata scattata l'11 novembre 1943, alcuni mesi dopo il tragico Armistizio dell'8 settembre, a Verona, presso le casermette di Montorio Veronese (l'attuale caserma "Duca"), dipendenti dal Deposito del 32° Reggimento Carristi: qui si trovano, in condizioni di efficienza molto diversa, alcuni autoveicoli ed alcuni mezzi corazzati, come questo carro M13/40, interamente dipinto in giallo sabbia.

▼ Il sottotenente Trovamala in piedi sul carro armato M13/40: il corazzato è del tutto privo di contrassegni.

▲ ▼ Allievi Carristi del Battaglione Universitario del 32° Reggimento Carristi, fotografati il 9 maggio 1941 a Verona. Questi giovani provenivano tutti dai G.U.F. organizzati dal Partito Fascista (Peroli).

PREGHIERA DEL CARRISTA

A Te, onnipotente Iddio, Signore del Cielo e della Terra noi, uomini d'arme, eleviamo la nostra preghiera.

Gran Dio, cui obbediscono i ghibli ed il sole cocente, benedici i Carristi che riposano sotto la sabbia infuocata.

Dio della gloria, accogli nella Tua pace le spoglie di coloro che, prima del mortale spasimo, conobbero il tormento dell'arsura.

Dio della potenza, esalta nella Tua gloria il valore dei nostri caduti, tempera i nostri cuori e rendili più forti dell'acciaio che corazza i nostri carri.

Dio della pace e della bontà, benedici la nostra Patria, le nostre case, i nostri carri.

Benedici, o Signore.

INNO DEI CARRISTI

L a musica e le parole dell'Inno dei Carristi furono composte dal capitano Luigi Poletto per il 3° Reggimento Carristi di Bologna, erede del Reggimento Carri Armati, fondato il 1° ottobre del 1927.

Son d'acciaio i cingoli possenti
son d'acciaio come i nostri cuor
che conoscon tutti gli ardimenti
e non san che sia il timor.

Cosa importa se il nemico è forte?
Con l'ardore della volontà,
il carrista sa sfidar la morte
e impetuoso avanti va.

Nella lotta ci guidano gli eroi,
e i risorti che vegliano su noi!

Siamo carristi
tempra d'eroi
Ferrea mole, ferreo cuor!

Le fiamme rosse
Che noi portiamo
simboleggiano il valor.

E la vittoria sapremo conquistar
e la storia di noi dovrà parlar!

Siamo carristi, tempra d'eroi
Ferrea mole, ferreo cuor!

Siamo nati all'alba del carrismo
e l'esempio il cuore ci forgiò !
e dei fratelli il nobile eroismo alla lotta ci temprò!

Col sorriso andremo alla battaglia
mentre mamma ci benedirà...
sfideremo, baldi, la mitraglia
quando l'ora sonerà!

Con la fede, nel cuore, con l'ardir
noi giuriamo di vincere o morir!

Siamo carristi, tempra d'eroi
Ferrea mole, ferreo cuor!

Le fiamme rosse che noi portiamo
simboleggiano il valor.
E la vittoria sapremo conquistar
e la storia di noi dovrà parlar
Siamo carristi, tempra d'eroi
Ferrea Mole Ferreo cuor!

UNIFORME DEI CARRISTI

L'album fotografico del sottotenente Trovamala offre interessanti spunti uniformologici, dato che il giovane servì sia come sottufficiale, in Patria ed in Nord Africa, sia, in un secondo momento, come ufficiale. Le sue fotografie permettono quindi di avere una visione quasi completa dell'abbigliamento dei Carristi italiani durante la Seconda guerra mondiale.

Uniforme metropolitana

Uniforme base per la specialità del Regio Esercito era, naturalmente, quella in panno grigioverde, sia per i sottufficiali e la truppa, che per gli ufficiali. Questa era composta da giubba con bavero modello 1940, pantaloni corti sotto il ginocchio (per gli ufficiali con una banda nera, profilata al centro di rosso), calzettoni, camicia e cravatta. Gli ufficiali indossavano gli stivali in cuoio, mentre graduati e truppa portavano gli scarponcini e, per gli equipaggi dei carri, era previsto l'uso dei gambali in cuoio. Gli ufficiali inoltre avevano il cinturone con spallaccio, graduati e truppa disponevano della bandoliera a due tasche in cuoio grigioverde. Il copricapo era costituito dalla bustina in panno grigioverde, gli ufficiali disponevano anche del cappello rigido. Il tutto veniva completato, nella stagione fredda, dal cappotto, anch'esso di panno grigioverde.

Uniforme coloniale

In Africa l'uniforme in panno veniva sostituita da una, del tutto analoga, in tela coloniale cachi. Spesso la giubba aveva un taglio "alla sahariana", molto più pratica da indossare nel caldo clima del Nord Africa, così come furono distribuite, seppur in numero limitato, bandoliere di cuoio marrone. Un certo numero di Carristi ricevette anche il casco coloniale in sughero, ricoperto di tela color cachi.

Indumenti speciali

I Carristi adottavano una tuta turchina monopezzo, che veniva utilizzata sia a bordo dei carri, sia come uniforme da fatica. A completare la dotazione del Carrista vi era il giubbone protettivo in cuoio nero, il caratteristico casco con paranuca, sempre in cuoio nero ed occhialoni protettivi, molto apprezzati soprattutto in Africa, per proteggere dalla sabbia.

Distintivi

Sul copricapo era cucito il fregio della specialità carrista (due cannoni incrociati, sormontati da una granata fiammeggiante e la sagoma di un carro armato) e, sul bavero della giubba, erano portate le fiamme rosso blu dei Carristi, con la stella metallica, simbolo delle Forze Armate.

Sul casco coloniale era portata una coccarda tricolore con al centro il fregio da copricapo dei Carristi, realizzato in metallo.

I piloti brevettati dei mezzi corazzati portavano, sul lato sinistro del petto della giubba, sfoggiavano un distintivo metallico raffigurante la sagoma di un carro armato, sormontata da un drago ad ali spiegate, inseriti in un serto ovale, contenente il motto "FERREA MOLE FERREO CUORE".

▲ Bellissima coppia di chiudilettera. Il primo dall'alto è del 32° Reggimento Carristi, mentre quello più in basso è della Compagnia Volontari Universitari del 31° Reggimento Carristi, Compagnia nella quale il protagonista di queste pagine iniziò la sua carriera militare (Tallillo).

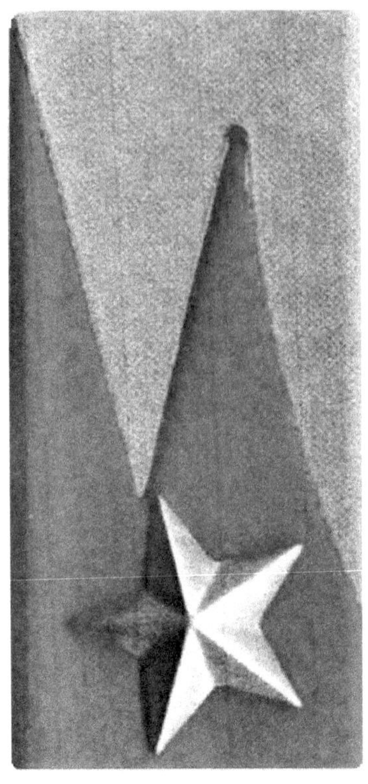 

▲ Mostrine composite dei Carristi: fiamma rozza a due punte su fondo azzurro.

▼ Brevetto da pilota di carri armati.

▲ Tavola uniformologica originale dell'illustratore Piero Compagni. A sinistra un carrista con la tuta monopezzo turchina, peculiare della specialità. Il militare indossa inoltre il casco protettivo in cuoio, gli occhialoni parasole e la bandoliera di cuoio grigioverde. A destra un tenente con l'uniforme grigioverde, con la bustina dello stesso panno, sulla quale spicca il fregio della specialità. Al di sopra dell'uniforme indossa il giaccone protettivo in cuoio con una coppia di gradi metallici cuciti ai polsi (Compagni).

SCHEDE TECNICHE DEI MEZZI CORAZZATI PRESENTI NELLE FOTOGRAFIE
(A CURA DI ANDREA TALLILLO)

Carro leggero Cv 35

Equipaggio : 2 uomini

Peso : 3.5 t

Dimensioni . 3.15 x 1.40 x 1.30 m

Spessori corazzatura : da 6 a 15 mm

Motore : 43 hp a 2.600 giri

Larghezza cingolo : 19.5 cm

Velocità massima su strada : 42 km/h

Autonomia su strada : 150 km

Armamento : 2 mitragliatrici calibro 8 mm

Fu il carro-simbolo di tutta un'epoca, anche se tecnicamente non era nemmeno un carro armato, perché privo di torretta. Le circostanze che portarono alla sua apparizione dal 1934 sarebbero lunghe da spiegare nel contesto di questo libro. Non ultimo il fattore politico e di propaganda. Nelle parate, era più coreografico avere a disposizione molti mezzi, capaci di effettuare agilmente manovre utili a dare un'idea di efficienza. La realtà fu diversa, il mezzo non era adeguato se non ad operazioni di poco impegno e quando lo si dovette schierare contro mezzi superiori fatalmente ne pagarono lo scotto i loro coraggiosi equipaggi. Fu realizzato appunto in gran numero, in totale almeno 1.337 dal 1935 al novembre 1939, divisi tra le versioni 33 (a costruzione saldata, 762 esemplari) e 35 a costruzione imbullonata (altri 575) oltre ad almeno 52 esemplari della versione ammodernata 38, completata dal giugno 1941 con nuova sospensione a barre di torsione usando 52 carri indifferentemente delle due versioni precedenti. Ben 17 battaglioni carristi ne furono equipaggiati, oltre a tre gruppi di cavalleria. Il mezzo fu veramente un 'cavallo da tiro' usato sino al 1943 dal nostro Regio Esercito e poi dalle FF.AA. tedesche sino al 1945. Ebbe un gran successo di vendite all'estero, si tratta di ben 101 esemplari del tipo 33 e 219 del tipo 35 oltre ad una sessantina di carri delle due versioni.

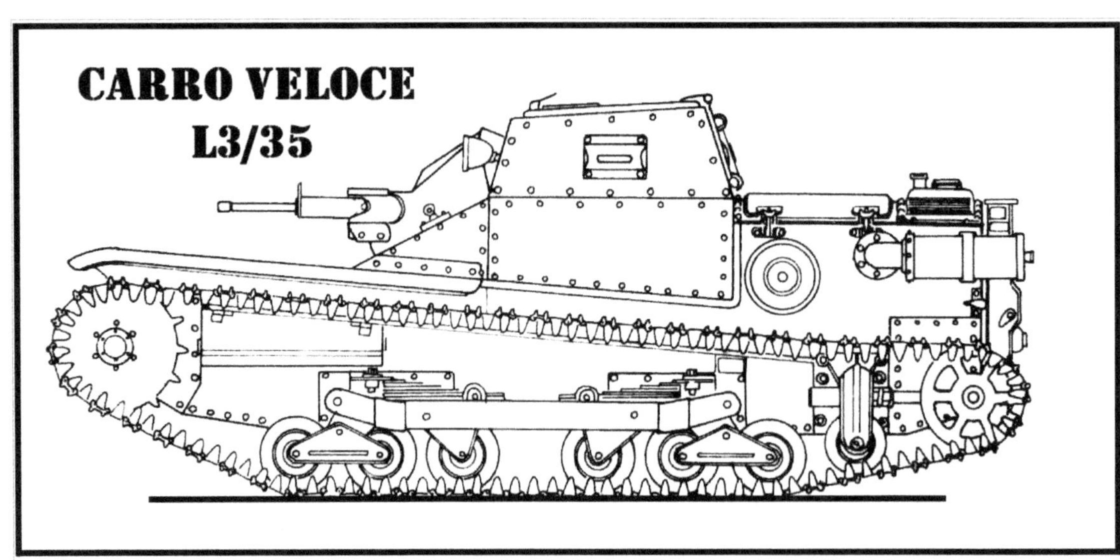

Carro medio M13 / 40

Equipaggio : 4 uomini

Peso : 14 t

Dimensioni : 4.91 x 2.28 x 2.37 m

Spessori corazzatura . da 6 a 42 mm

Motore : 125 hp a 1.800 giri

Larghezza cingolo . 26 cm

Velocità massima su strada : 31.8 km / h

Autonomia su strada : 200 km

Armamento : 1 cannone da 47 mm e 4 mitragliatrici calibro 8 mm

L'altro carro-icona del periodo 1940-1943 fu lo M13 'medio' così classificato, anche se per il suo peso di 14 tonnellate era tra i più bassi dei carri dell'Asse. Sviluppato quando ormai la sostituzione della 'tankette' L3 era da considerarsi veramente urgente, derivava dal precedente carro M11, del quale conservò l'impostazione generale, arrivando però finalmente ad un razionale armamento in torretta girevole e non più in casamatta laterale. Il prototipo era pronto nell'ottobre 1939 e già nel successivo dicembre fu ordinato in 400 esemplari, tuttavia la produzione potè cominciare solo nel giugno del 1940. Ai primi 235 completati in quell'anno se ne aggiunsero molti altri – molti per i nostri standard, ovviamente - in tre serie distinte da vari dettagli, per un totale di 710 esemplari. Dopo il battesimo del fuoco in Africa Settentrionale, fu presente sino al 1943 inoltrato sui vari fronti africani e nei Balcani. Inizialmente non disponeva di radio e questo impedì un migliore uso tattico dei 9 battaglioni carri via via organizzati con questa versione. Con l'andare del tempo, attorno all'ultima parte del 1942, non fu più opponibile ai mezzi avversari se non a costo di alte perdite di carri e di preziosi equipaggi. Tuttavia, nel periodo immediatamente successivo all'armistizio, fece parte dell'ingente bottino racimolato dalle FF.AA. tedesche ed usato sino al 1945 anche da alcuni reparti della Repubblica Sociale Italiana.

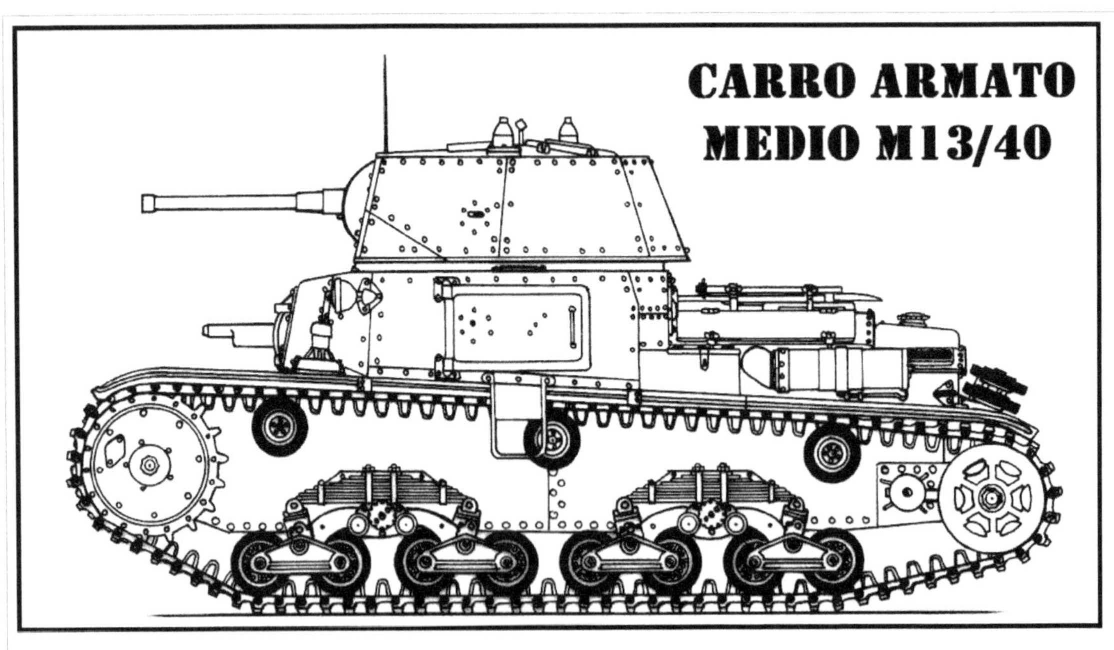

Carro medio M14 / 41

Equipaggio : 4 uomini

Peso : 14.5 t

Dimensioni : 491 x 228 x 237 m

Spessori corazzatura : da 6 a 42 mm

Motore : 145 hp a 1.900 giri

Larghezza cingolo : 26 cm

Velocità massima su strada : 33 km / h

Autonomia su strada : 200 km

Armamento : 1 cannone da 47 mm e 4 mitragliatrici calibro 8 mm

Costituiva poco più che un miglioramento in alcuni dettagli e soprattutto nella potenza del motore del precedente M13. Fu realizzato in 695 esemplari, che si batterono sul fronte africano in una decina di battaglioni carri (altri due ebbero equipaggiamento misto, anche con M13) ma non lasciò molta memoria perché facilmente comparabile con iil tipo precedente. La maggiore potenza del propulsore era vanificata infatti dalla necessità di proteggere l'equipaggio con mezzi di fortuna, come sacchi a terra e spezzoni di cingolo fissati alla parte anteriore della sovrastruttura e/o attorno alla torretta. Alcuni limiti di progetto e la mancanza di validi additivi per le piastre di corazzatura restavano ostacoli notevoli ad un suo impiego ottimale. Anche per lo M14, la seconda metà del 1942 vide la comparsa di opponenti moto pericolosi prima nei reparti inglesi e poi in quelli americani. Date le forti perdite subite, quelli rimasti in patria erano veramente pochi, anche se affiancati dalla leggermente più potente versione M15 /42, che se non altro montava un motore a benzina o più performante. Anche lo M14 chiuse la sua carriera in alcuni reparti tedeschi e della Repubblica Sociale Italiana.

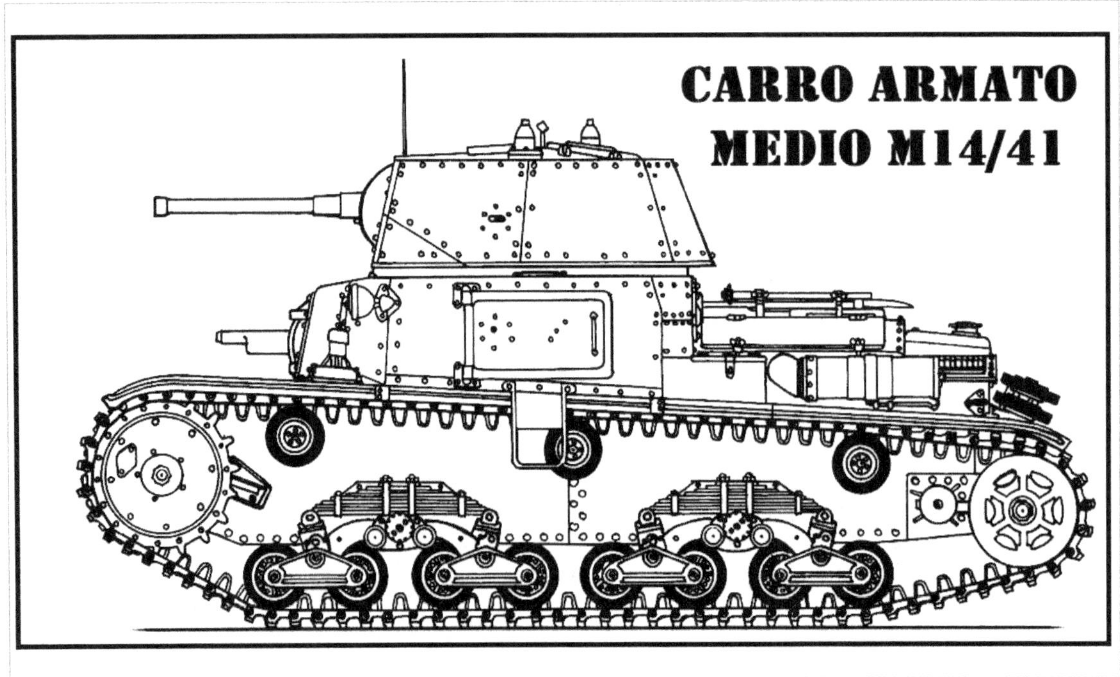

Semovente M43 da 105 / 25

Equipaggio : 3
Peso : 15.7 t
Dimensioni : 5.07 x 2.412 x 1.74 m
Spessori corazzatura : da 15 a 70 mm
Motore : 190 hp a 2.400 giri
Larghezza cingolo : 26 cm
Velocità massima su strada : 38 km/h
Autonomia su strada : 200 km
Armamento : 1 obice da 105 mm d 1 mitragliatrice da 8 mm

All'inizio della Seconda Guerra Mondiale, il Regio Esercito non disponeva quasi di autoblinde più moderne delle poche decine di Lancia 1ZM che avevano preso servizio ancora nella Grande Guerra e che ormai non erano molto efficienti. Il primo passo verso il rinnovo della linea e la creazione di veri e propri reparti esploranti si era avuto solo nel maggio del 1939 quando fu presentato un primo prototipo che dopo diverse modifiche divenne il primo tipo AB 40. Si presentava come un mezzo moderno e dalle linee filanti, dotato di doppia guida per facilitarne l'uso e nel complesso abbastanza competitiva rispetto ai mezzi in servizio all'estero. In breve tempo si richiese un armamento più potente nacque il tipo AB 41, che venne inizialmente ordinato in 239 esemplari nel giugno del 1940. Le prime consegne avvennero nell'aprile del 1941 e con il proseguire della produzione, che toccherà nel 1942 altri 302 esemplari, si potè equipaggiarne sia reparti di cavalleria che di bersaglieri. La campagna d'Africa vide un suo proficuo uso nonostante l'inferiorità numerica ed i problemi di rifornimento, ed anche negli avversari seppe riportare nonostante tutto una buona considerazione. Al settembre 1943 se ne erano completate 713, molte delle quali poi catturate ed usate da reparti tedeschi nonché da reparti della Repubblica Sociale Italiana sino al 1945.

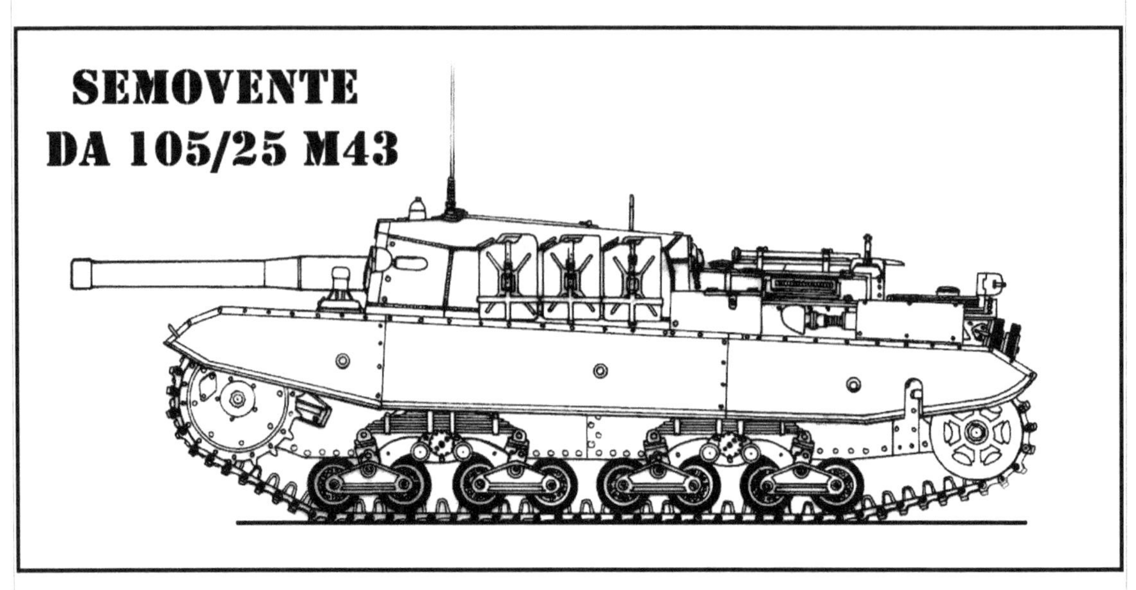

Autoblindo AB 41

Equipaggio : 3 o 4
Peso : 7.4 t
Dimensioni : 5.2 x 1.92 x 2.484 m
Spessori corazzatura : da 6 a 18 mm
Motore : 80 hp a 2.700 giri
Ruote : 9.00 – 24 Artiglio o 9.75-24 Libia
Velocità massima su strada : 78 km / h
Autonomia su strada : 400 km
Armamento : 1 cannone da 20 mm e 2 mitragliatrici da 8 mm

Fu il classico esempio di mezzo italiano veramente all'altezza dei tempi, ma arrivato in produzione troppo tardi ed in numero esiguo. La sistemazione di pezzi di buon calibro rispetto al 47 mm standard su scafi di carri medi si era già dimostrata vincente e la serie di semoventi su scafi M13, M14 ed M15, equipaggiati con un 75 mm corto si era già dimostrata molto efficiente e come unico mezzo per opporsi ai più potenti mezzi avversari. Il semovente da 105 mm era un ulteriore passo verso un'elevata qualità, trattandosi di una felice modifica dello scafo M42, ora più largo e ben più protetto nonché con piastre riunite a mezzo saldatura, finalmente. Purtroppo il prototipo fu pronto solo nel gennaio 1943 ed i primi esemplari della prima commessa di 30 entrarono in servizio nel maggio. Il mese successivo se ne erano ordinati poco più di 450, per i costituendi 5 gruppi di artiglieria semovente, ma le tragiche circostanze dell'estate 1943 impedirono ogni sviluppo della produzione e dei reparti citati. Gli organi tecnici tedeschi lo avevano già visto come un mezzo promettente tant'è vero che dopo il settembre 1943 la produzione riprese e furono consegnati 91 esemplari per i reparti tedeschi. Solo uno, battezzato 'TERREMOTO' fu mantenuto in un reparto della Repubblica Sociale Italiana.

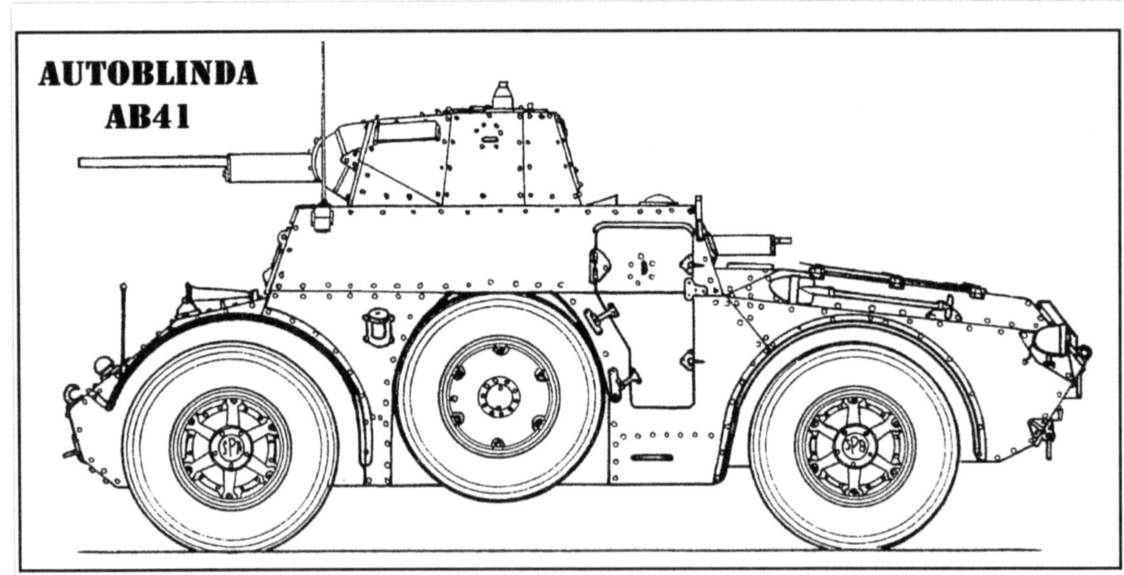

CORTE
CORSE

▲ Il sottotenente Trovamala, in una foto da studio. Verona, agosto 1942.

BIBLIOGRAFIA

Libri

AA.VV., "Storia dei mezzi corazzati", Fratelli Fabbri Editori, Milano 1976.

Barlozzetti Ugo, Pirella Alberto, "Mezzi dell'Esercito italiano 1935 – 1945", Editoriale Olimpia, Firenze, 1986.

Benvenuti Bruno, Colonna Ugo, "Fronte Terra" volumi 1, 2/I, 2/II e 2/III, Edizioni Bizzarri, Roma 1974.

Campini Dino, "Nei giardini del Diavolo", Longanesi, Milano, 1969.

Cappellano Filippo, Pignato Nicola, "Gli autoveicoli da combattimento dell'Esercito Italiano", volume I, S.M.E. – Ufficio Storico, Roma, 2002.

Cappellano Filippo, Pignato Nicola, "Gli autoveicoli da combattimento dell'Esercito Italiano", volume II, S.M.E. – Ufficio Storico, Roma, 2002.

Cappellano Filippo, Pignato Nicola, "Il Regio Esercito alla vigilia dell'8 settembre 1943", Ermanno Albertelli Editore Parma, 2003.

Cappellano Filippo, Pignato Nicola, "Insegne, uniformi, distintivi e tradizioni delle Truppe Corazzate Italiane", T & T edizioni, 2005.

Ceva Lucio, Curami Andrea, "La meccanizzazione dell'Esercito fino al 1943", S.M.E – Ufficio Storico, Roma, 1989.

Crippa Paolo, "I mezzi corazzati italiani della guerra civile 1943-1945", Mattioli 1885, Fidenza (PR), 2015.

Crippa Paolo, "I Reparti Corazzati della Repubblica Sociale Italiana 1943 -1945", Marvia Edizioni, Voghera (PV), 2006.

Crippa Paolo, Cucut Carlo, "I reparti corazzati italiani nei Balcani 1941 – 1945", Soldiershop Publishing, Zanica (BG), 2019.

Crippa Paolo, "Il Gruppo Corazzato del Leoncello", Soldiershop Publishing, Zanica (BG), 2021.

Cucut Carlo, "Le Forze Armate della R.S.I. 1943 – 1945 – Forze di terra", G.M.T., Trento, 2005.

De Lorenzis Ugo, "Dal Primo all'ultimo Giorno – Ricordi di Guerra 1939-1945", Edizioni Longanesi, Milano, 1971.

Finazzer Enrico, Caretta Luigi, "Le camionette del Regio Esercito", G.M.T., Trento, 2020.

Giusti Maria Teresa, Rossi Aga, "Una guerra a parte. I militari italiani nei Balcani, 1940-1945", Il Mulino, Bologna, 2017.

Guglielmi Daniele, Tallillo Andrea, Tallillo Antonio, "Carro L3. Carri veloci, carri leggeri, derivati", GMT, Trento, 2004.

Guglielmi Daniele, Tallillo Andrea, Tallillo Antonio, "Carro L6 – carri leggeri, semoventi, derivati", GMT, Trento, 2007.

Guglielmi Daniele, Tallillo Andrea, Tallillo Antonio, "Carro M. carri medi M11/39, M13/40, M14/41,M15/42, semoventi e altri derivati", GMT, Trento, 2010.

Guglielmi Daniele, Tallillo Andrea, Tallillo Antonio, "Carro M. carri medi M11/39, M13/40, M14/41,M15/42, semoventi e altri derivati", volume 2, GMT, Trento, 2012.

Masacci Luca, "I veicoli corazzati italiani 1940 – 1943: album fotografico", Mattioli 1885, Fidenza (PR), 2013.

Montanari Mario, "Le operazioni in Africa Settentrionale" Vol. IV, Ufficio Storico Stato Maggiore Esercito, Roma, 1993.

Panetta Rinaldo, "Il ponte di Klisura. I Carristi italiani in Albania 1940 – 1941", Mursia, Milano, 1975.

Papò Paolo Emilio, "I mezzi corazzati italiani. I primi quarant'anni", IBN Editore, Roma, 2011.

Parri Maurizio, "Tracce di Cingolo", A.N.C.I., Verona, 2016.

Parri Maurizio e Bianchi Carlo, "A Nessuno Secondi, le ricompense al valor militare ai Carristi dal 1927 a oggi", A.N.C.I., Roma, 2020.

Parri Maurizio, "Le fiamme rosse del 31° Reggimento Carristi", Soldiershop Publishing, Zanica (BG), 2021.

Pignato Nicola, "1912 – 1985 Dalla Libia al Libano", Editrice Scorpione, Taranto, 1989.

Pignato Nicola, "Italian Armored Vehicles of World War Two", Squadron Signal Publications, USA, 2004.

Pignato Nicola, "Italian Medium Tank in Action", Squadron Signal Piblications, USA, 2001.

Pignato Nicola, "Motori!!! Le truppe corazzate italiane 1919 – 1994", GMT, Trento, 1995.

Pirponetti Pasquale, "Pasqua di Sangue, i Carristi della Centauro alla battaglia di Scutari", Tipografia Leonardo da Vinci, Città di Castello, 1942.

Ratti Italo Franco, "Con la Centauro, con la Monterosa", memorie edite in proprio.

Riccio Ralph A., "Italian tanks and combat vehicles of World War II", Mattioli 1885, Fidenza (PR), 2010.

Riviste
"Il Carrista d'Italia", organo dell'Associazione Nazionale Carristi d'Italia, numeri vari.
"Rivista Militare", numeri vari.
"Storia Militare", numeri vari.

TITOLI GIÀ PUBBLICATI
TITLES ALREADY PUBLISHING

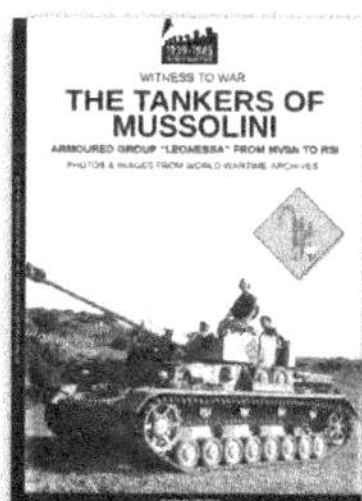

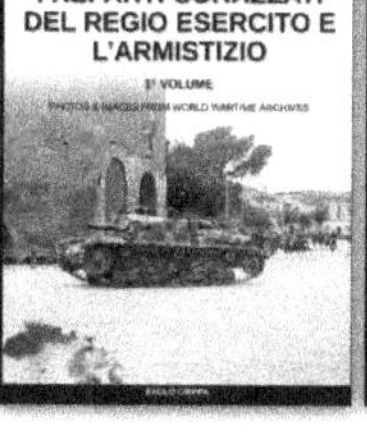

BOOKS TO COLLECT